El Obispo del Barrio

El *Obispo del Barrio*

Una biografía del Obispo Alfonso Gallegos, OAR

Padre John Oldfield, OAR

(Traducción al español por
Sor Beatriz O. Alvarez, OAR)

Con una introducción por el
Obispo Francis A. Quinn seguida por unas
palabras del Cardenal Roger Mahony

PAULIST PRESS
New York/Mahwah, N.J.

Interior photos courtesy of the Augustinian Recollects archives, West Orange, NJ; family photo, p. 45, courtesy of Senaida Kane.
Homily by Cardinal Roger Mahony, pp. 88–93, reprinted from *The Catholic Herald,* October 16, 1991, p. 10.

Cover design by Sharyn Banks
Book design by Lynn Else

Traducción al español de Sor Beatriz Alvarez, OAR
Editado por: www.ComeAliveUSA.com

Library of Congress Cataloging-in-Publication Data

Oldfield, John, OAR.
[Bishop of the barrio. Spanish]
El obispo del barrio : una biografía del obispo Alfonso Gallegos, OAR / John J. Oldfield ; traducción al español por Beatriz O. Alvarez.
p. cm.
Includes bibliographical references (p.   ).
ISBN 0-8091-4431-X (alk. paper)
1. Gallegos, Alphonse, 1931-1991. 2. Catholic Church—California—Bishops—Biography. I. Title.
BX4705.G149505318 2007
282.092—dc22
[B]

2006025636

Publicado por Paulist Press
997 Macarthur Boulevard, Mahwah, New Jersey 07430
Estados Unidos de América

www.paulistpress.com

Impreso y encuadernado en
los Estados Unidos de América

Contenido

Introducción

Llegué a conocer al Obispo Alfonso Gallegos cuando él servía como Director de la División de Asuntos Hispanos de la Conferencia Católica de California. Más tarde aprendí algo acerca de su niñez en Albuquerque, de sus estudios para el sacerdocio entre los Agustinos Recoletos y de su notable y eficaz ministerio pastoral en Los Ángeles. El magnetismo personal, la valentía y persistencia en superar los obstáculos de la vida que él evidenció en aquellos primeros años, florecieron plenamente cuando fue nombrado Obispo Auxiliar de la Diócesis de Sacramento en 1981.

En particular, a causa de su personalidad cálida y extravertida, el Obispo "Al" fue inmediatamente acogido por la comunidad diocesana del norte de California. La juventud encontró un amigo en el nuevo obispo, quien mostraba un genuino interés en ellos en la parroquia de Santa Rosa, donde residía, y también en la escuela adyacente de San Patricio. En poco tiempo llegó a identificarse con los *low-riders,* juntándose con ellos y sus bien adornados coches a lo largo de las calles de Sacramento. Hasta el final de su vida procuraría fomentar la unión, tan urgentemente necesaria, de la Iglesia con la juventud latina y con otros jóvenes.

Si alguien tuviese que definir a este hombre, el término que le vendría a la mente sería el de "sacerdote del pueblo". Como párroco de la parroquia de Nuestra Señora de Guadalupe y como Obispo Auxiliar, constantemente buscó medios para animar a jóvenes y ancianos, para ayudar financieramente a los individuos, para aconsejar a los matrimonios con problemas...buscó hacer lo que hizo Jesús: enseñar, predicar, sanar y reconciliar.

Personalmente, fui bendecido al haber tenido siempre un "obispo colega" colaborador en todos los sentidos. Aprendí mucho de él, de su dedicación total a la oración y a sus obligaciones sacerdotales y de su amor a la Virgen María. Más que nada, me impresionaba el coraje del Obispo "Al". Era un hombre que luchó desde su niñez contra un grave deterioro visual, pero finalmente llegó a sobresalir en las exigentes vocaciones de presbítero y obispo, siempre alegre sin jamás quejarse o compadecerse de sí mismo.

Mi vida se benefició enormemente con el ejemplo de Alfonso Gallegos, y sé que lo mismo le ocurrió a cada persona con la que se vinculó. La efusión de cariño en su funeral fue un tributo sin igual a un obispo que murió haciendo lo que hizo siempre —*ayudando a los demás*.

Francis A. Quinn
Obispo Emérito de Sacramento

CAPÍTULO 1

Primeros años

Doctors' Hospital, Caso No. FF 846

Un documento formal archivado con la etiqueta: "Doctors' Hospital Case # FF 846"[1] se refiere al Señor A.G., joven paciente, como un caso de "miopía aguda". El contacto de A.G. con los especialistas en el *Doctors' Hospital* de Los Ángeles, California, tuvo lugar cuando el paciente contaba con 16 años de edad. Sus padres abrigaban la esperanza de que la pobre visión de su hijo mejoraría, en virtud del cambio periódico de los lentes que se le venía efectuando desde muy temprana edad. Pero éste no fue el caso. Por el contrario, si bien era un joven vigoroso, él estaba condenado a ser corto de vista, condición ésta que lo inhibía y colocaba en una situación que requería que tuviese que asistir a clases especiales en la escuela para no forzar la vista y que le impidió participar en los toscos deportes tan normales en jóvenes de su edad.

Los médicos recomendaron una cirugía radical. En un período de dos años, A.G fue sometido a dos delicados procedimientos quirúrgicos practicados de acuerdo con las nuevas técnicas desarrolladas por el renombrado oftalmólogo español Dr. Ramón Castroviejo. Los resultados fueron satisfactorios. Antes de la cirugía, constaba en los reportes médicos: "sin lentes, su visión era tal que podía leer en letra de molde a una distancia de dos pulgadas de sus ojos...a diez pulgadas de distancia, no le era posible ni siquiera contar los dedos." Después de las cirugías, su visión aún dependiente de lentes correctivos había mejorado a tal punto, según consta en el parte médico, que "ahora ha abandonado las clases especiales para no forzar la vista y asiste a las escuelas normales de la ciudad."

El A.G. de quien habla el Dr. H. G. Blasdel en el informe del hospital caso # FF 846 era Alfonso Gallegos, futuro Obispo Auxiliar de la Iglesia Católica en la Diócesis de Sacramento, un sobresaliente líder religioso en el desarrollo del apostolado entre los hispano parlantes y otros grupos minoritarios en el estado de California. La satisfacción de su oftalmólogo de Los Ángeles fue compartida por el futuro obispo y su familia. Ello significaba todo un logro profesional y significaba un retorno a la normalidad en la vida de un joven que anidaba en su interior un profundo anhelo que realizar: el deseo de llegar a ser sacerdote y religioso.

La familia Gallegos desde Albuquerque hasta Watts

Para el joven Alfonso, la normalidad representaba en aquella época el vivir con sus padres, José Gallegos y Caciana Apodaca, así como con una familia llena de hermanos y hermanas, once en total: Sally, Leonard, Ralph, Senaida, Arlene, Evangeline, Rita, Alfonso y su gemelo, Eloy, Raymond y Lina. Alfonso nació en Albuquerque, Nuevo México, el 20 de febrero de 1931, y fue bautizado cuatro días después en la iglesia del Sagrado Corazón como "Alfonso Napoleón". Y fue confirmado en la misma iglesia, siendo todavía un infante, el 6 de diciembre de 1931. Tanto la familia Gallegos como la Apodaca tenían raíces profundas en Nuevo México, un estado en el que la antigua cultura española y mexicana perduraba aún después de haber sido anexado a los Estados Unidos en 1848.[2] Pese a que sus padres

tenían muchos lazos que los ataban a su estado y particularmente a Albuquerque, igualmente decidieron aventurarse a
nuevos ambientes y oportunidades en California poco después
del nacimiento de Alfonso.

La década de los años 30 había sido un tiempo de migraciones a California, el llamado *Estado Dorado,* así como a las
grandes comunidades satélites de Los Ángeles, desde todos los
puntos cardinales de los Estados Unidos. Granjeros y toda clase
de trabajadores buscaban mejores oportunidades en sus esfuerzos para superar a los efectos de la gran depresión. Quizás el
traslado de la familia Gallegos a Watts haya sido uno de esos
secretos designios del Espíritu Santo que escapan a la simple
mirada humana y que, sin embargo, obedecen a un plan de salvación en la historia de las migraciones humanas.

La madre de la joven familia de los Gallegos, Caciana, se
sentía particularmente motivada por el deseo de encontrar
mejores oportunidades para la educación de sus hijos. Una oportunidad que también parece haberse presentado por sí misma a
la familia fue el contacto con el *Doctors' Hospital.* Los padres de
Alfonso, siempre preocupados por la pobre visión de su hijo, le
enviaron rápidamente a las clases especiales para evitarle esfuerzos visuales; ya desde los 9 años Alfonso se veía obligado a usar
gafas con unos lentes muy gruesos. Es fácil imaginarse el estigma
que esto pudo haber significado para él, considerando aquella
tendencia a la crueldad inconsciente que algunas veces los niños
manifiestan, en diferentes formas, al ridiculizar a sus compañeros aquejados por alguna minusvalía. Nunca sabremos si
Alfonso fue tratado de esa manera. Él siempre desplegaba aquella sonrisa tan suya con la que podía sobreponerse a las burlas o
rechazo del que quizás fue objeto. Desde luego, él jamás experi-
mentó esta clase de tratamiento en su casa. Su padre José, carpintero de profesión, y su madre Caciana, además de desvivirse por
procurar la mejor atención médica para su hijo, crearon en casa

tal atmósfera de amor y piedad religiosa que sus hijos crecieron en la seguridad y la unidad que da el amor.

El ritmo de vida en el entorno familiar incluía por la tarde el cumplimiento de los deberes escolares y la catequesis, al ser los hermanos mayores responsables de enseñar a los más pequeños las bases de la oración y la doctrina cristiana. Después de la cena se reunían todos para rezar el rosario en familia, costumbre señera entre ellos. El padre, José, había construido unos bancos pequeños, como los de una capilla, para usarlos en los momentos de oración.

Era una familia muy unida en la que los padres marcaron un ejemplo de piedad vivida gozosamente. Desde muy temprano, alrededor de 1934, la familia había elegido a San José como su patrono y como el protector especial de su padre. La familia cree hasta el día de hoy que gracias a esta devoción, su padre, un hábil carpintero, nunca le faltó trabajo. La celebración anual de la fiesta de San José, en 11007 Avenida Watts, era todo un acontecimiento en el barrio al que todos estaban invitados.

La esperanza que los motivaba continuamente en sus esfuerzos por sacar adelante a sus once hijos y encontrar la ayuda necesaria para mejorar la pobre visión de su hijo Alfonso estribaba en su devoción a San José, carpintero como el padre y santo patrono de la familia. Y por supuesto, también imploraban la especial asistencia de Santa Lucía, patrona de los ciegos. La red de oración y valentía espiritual incluía a los fieles de la pequeña iglesia parroquial de San Miguel, hogar para el pueblo hispano de Watts. La parroquia se convirtió en el centro espiritual de lo que instauró como barrio, palabra española equivalente a vecindario. Era costumbre de los inmigrantes hispanos referirse a esos vecindarios como barrios, allí donde se hablaba el español y donde los negocios, los restaurantes y otras instituciones locales reflejaban sus gustos.

Una palabra sobre Watts

En los albores de 1800, el área conocida en la actualidad como Watts era llamada entonces "Rancho Tajuate", una región de ranchos y huertos frutales. Recibió el nombre de "Watts" de la Señora Julius Watts, dueña de un gran rancho en el área, quien proveyó el terreno para la construcción de una importante estación ferroviaria y cercados aledaños. La llegada de la estación ferroviaria cambió el carácter rural del área, dando paso a un vecindario de casas pequeñas en las riberas de la creciente ciudad de Los Ángeles. En la familia Gallegos se conserva el recuerdo de esta área como una comunidad en la que se entremezclaban vecinos de ascendencia griega, rusa y alemana.

Durante la década de 1930 Watts se convirtió en hogar para la creciente comunidad de inmigrantes mexicanos y mexicano-americanos. Entre ellos había algunos conocidos como *cristeros,* que habían escapado de las persecuciones religiosas que habían afligido a la Iglesia de México durante la década de 1920 y en los primeros años de la década siguiente. Como un importante centro ferroviario, Watts ofrecía oportunidades de trabajo a los recién llegados.

De manera similar, gran cantidad de afro-americanos se establecieron en Watts y sus alrededores durante la segunda guerra mundial, en busca de trabajo en las industrias ligadas a la defensa, tan importante en esa época. Watts llegó a ser conocida a nivel nacional en la década de los años 60 como escenario de revueltas y agitación por los derechos civiles. En medio de estos cambios demográficos, el barrio latino conservó su identidad étnica y buscó fuentes de solidaridad tales como la Iglesia Católica del vecindario, que iba a ser la de San Miguel, llamada así en honor de la más afluente y colaboradora parroquia de St. Michael, ubicada en la parte centro sur de Los Ángeles. La nueva iglesia dedicada al Arcángel se instituyó en diciembre de 1927. Su primer párroco fue un sacerdote mexicano llamado Salvador Martínez Silva, quien guió a los fieles en sus esfuerzos por crear una comunidad y asegurar la transmisión de su herencia religiosa y cultural a las siguientes generaciones. La familia Gallegos fue una de las pioneras en esta nueva parroquia situada en el corazón de Watts.

CAPÍTULO 2

Ver con el corazón

El cultivo de una vocación

El joven Alfonso entró en contacto con los Agustinos Recoletos, una orden religiosa católica de origen español que había llegado a Watts y San Miguel en 1929. En la tierra de las famosas misiones del Beato Junípero Serra, los sacerdotes españoles de la orden estaban en los umbrales de una renovación apostólica entre el pueblo de habla hispana. Constituyó un gran salto histórico pasar del "camino real" de las misiones a Hollywood, pero los recoletos recién llegados a Watts pudieron regocijarse íntimamente por la abundancia de lugares que ostentaban nombres españoles, entre ellos, avenidas, bulevares y pueblos, al mismo tiempo que pudieron estremecerse al escuchar la pronunciación anglosajona de los mismos.

En Watts se hablaba español, pero Alfonso lo habló muy poco cuando fue niño. Después de todo, su familia era ya la cuarta generación americana, al igual que otras tantas de las "antiguas" familias hispanas de Nuevo México. Por otro lado, la Misa en San Miguel se celebraba en latín en aquellas décadas anteriores al Concilio Vaticano Segundo. Años más tarde Alfonso recordará su preparación como monaguillo bajo la dirección del muy amado párroco, el Padre Plácido Lanz, OAR.[1] Entre los religiosos agustinos recoletos que prestaban sus servicios en San Miguel, se conserva aún hoy el recuerdo del sonriente y pelinegro joven de los gruesos lentes. Alfonso ya había revelado a varios sacerdotes su deseo de hacerse religioso y sacerdote. Más adelante, él mismo nos describirá lo que tal deseo puede significar en referencia a una vocación. Esta descripción está contenida en un breve texto titulado, *Porqué me hice Agustino Recoleto.*

> Una vocación es algo enigmático para muchas personas, algunos la definen como la llamada a un cierto estilo de vida, otros a una elección. Yo, al igual que todo religioso, aspiro a definirla como un DESEO, un ANHELO de alcanzar esa estación en la vida. Ya que uno no puede perseverar fielmente en una vocación simplemente por haber sido llamado o por haberla elegido, es preciso desearla...Así pues, un aspirante a la vida religiosa elige una orden, no por su riqueza ni por su popularidad, sino por aquellas cualidades que lo capacitarán para realizar sus DESEOS...y ésa es la razón por la que yo me hice Agustino Recoleto.[2]

¿Quién puede explicar las fuentes de esos deseos y anhelos? Senaida, hermana de Alfonso, lo recuerda como un chico callado y un poco serio en comparación con Eloy, su extrovertido hermano gemelo. Él manifestaba su inclinación al sacerdocio como ha ocurrido con tantos futuros sacerdotes, jugando al "sacerdote" y revistiéndose de la típica manera que suelen hacerlo los niños en sus juegos. Senaida recuerda que Alfonso era "como su madre", quien nunca decía que "no" a lo que se le pedía.

Alfonso mejoró sus conocimientos del latín litúrgico mediante clases privadas dictadas por el Padre Maurice Krautkremer, OAR. Otro fraile recoleto que lo alentó durante el período de prueba y de duda, después de las dos cirugías en sus ojos, en 1948 y 1949, fue el Padre Jim Elmer. Bajo estricta prescripción médica de descansar después de la segunda intervención quirúrgica, Alfonso tuvo que mantener temporalmente en suspenso su opción vocacional. El Padre Elmer prometió visitarle durante su convalecencia y, mientras tanto, escribió a sus superiores diciéndoles que el piadoso monaguillo de San Miguel podría ser un "prometedor prospecto".[3]

Entre tanto, Alfonso no se quedó de brazos cruzados ni tampoco utilizó su incapacidad como excusa para permanecer inactivo. Continuó sus estudios en la escuela superior de artes manuales de Los Ángeles, donde se graduó con honores. Sin embargo, su corazón estaba dedicado a la parroquia en la que seguía muy de cerca los pasos de su mentor, Eddie Calderón, como guía de los monaguillos y activo promotor del club de estos jóvenes acólitos de San Miguel. Más allá de las fronteras de la parroquia, participaba plenamente en las actividades de la comunidad de Watts, tales como la organización de la juventud católica (*Catholic Youth Organization,* o CYO por sus siglas en inglés), en la que servía como guía responsable en las discusiones que se efectuaban en el Club del Foro, un desprendimiento del movimiento de juventud católica de la diócesis.

No es sorprendente que incluso llegara a ser director del drama en un acto de la comedia titulada, *In a Doctor's Office (En el consultorio de un médico),* presentada por el grupo local de actores en el Centro Comunitario de Watts. Al mismo tiempo, prestaba sus servicios como presidente del club CYO ChiRho, un primer modelo de su futura dedicación a la juventud y su aprecio por la potencial energía de los jóvenes para edificar una comunidad. Sin duda gozó del apoyo y aliento de sus compañeros del CYO al tomar su decisión a la edad de 20 años de entrar a formar parte de la familia agustino-recoleta, a la que se sentía tan unido en la parroquia de San Miguel. Ésta fue una decisión que guardó para sí hasta el último minuto.

Como un grano de incienso

En el verano de 1950 se hicieron los preparativos para la entrada de Alfonso en el noviciado de la Orden de Agustinos

Recoletos, lo que incluía su propia petición formal, el consentimiento de sus padres, sus notas académicas, cartas de recomendación y las letras testimoniales de los obispos del lugar. El noviciado, un año inicial de prueba requerido por el derecho eclesiástico, tuvo lugar en lo que entonces era conocido como Seminario de la Misión de San Agustín, en Kansas City (Kansas), una ciudad en el centro mismo del continente y a gran distancia del calor y sol del sur de California.

Los religiosos de la Orden de Agustinos Recoletos habían llegado a los Estados Unidos procedentes de España y Colombia en las primeras décadas del siglo XX, con la intención de servir a la creciente Iglesia Católica del hemisferio norte. Traían consigo más de tres siglos de experiencia misionera y un idioma que llegaría a alcanzar importancia creciente en el apostolado eclesial en los Estados Unidos, cuando la inmigración hispana hacia el norte aumentó a lo largo de este siglo.

Además de la tarea de la evangelización, los Agustinos Recoletos preservaron una forma de vida con un marcado carácter comunitario, derivado de la *Regla de San Agustín*. Las características de la vida monástica eran especialmente aplicadas durante el noviciado y los subsiguientes años de formación. Con anterioridad a las reformas y cambios introducidos por el Vaticano II, el año de noviciado se regía por las normas dictadas en las Constituciones de la Orden y un libro llamado el *Ceremonial,* escrito en latín y estudiado cuidadosamente por los novicios. La campana llamaba a los novicios a la oración, al trabajo, a la recreación y a las horas de silencio, lo cual constituía un apretado horario de vida bien organizado. Numerosas prácticas en las que se ponía el énfasis en la humildad, la obediencia y la abnegación eran los hilos que conformaban el tejido del modo de vida agustino-recoleta.

Alfonso Gallegos se adaptó maravillosamente a la familia recoleta. Recibió el hábito negro de la tradición agustiniana el 2 de septiembre de 1950, al comienzo del noviciado, y un día y año más tarde, el 3 de septiembre de 1951, hizo su primera profesión de votos de castidad, pobreza y obediencia como religioso. Como era de esperarse, escogió a San José como su patrono particular. Los siguientes tres años en el Seminario de la Misión —o Monasterio de San Agustín, como era más popularmente conocido— serían dedicados al estudio de la filosofía y de las artes liberales (las humanidades).

Años más tarde, ya como maestro de novicios en el mismo monasterio, entre los años 1967 y 1969, Alfonso aplicó diligentemente lo que había aprendido, lo cual quedó reflejado en un extenso documento que preparó sobre "Formación de novicios en un tiempo de cambio".[4] Perfectamente al tanto de la necesidad de cambio y adaptación en los albores del Vaticano II, así como de los cambios que se producían en la sociedad, demuestra estar al tanto de los requerimientos necesarios para una diligente puesta al día. Sin embargo, mantiene en este documento el núcleo central de valores de la abnegación, el espíritu de sacrificio, la oración y el amor a la comunidad como elementos esenciales en la experiencia del noviciado. Como ya se ha mencionado anteriormente, él resumió estos aspectos de la vida religiosa en la descripción de su vocación. "Él [el candidato a la vida religiosa], como un grano de incienso puesto sobre los carbones hirviendo en el incensario hasta que se consume, de la misma manera, para alcanzar su meta, debe ser colocado sobre los carbones de la ejercitación y del sacrificio que la vocación religiosa requieren de él."[5]

Desde el centro de los Estados Unidos hasta la cosmopolita costa este

La movilidad ha sido siempre una característica de las órdenes mendicantes. El monacato de los Agustinos Recoletos es de la variedad mendicante, con la vida comunitaria como plataforma de lanzamiento hacia el apostolado en la tradición itinerante. Por eso es que se dispuso un cambio para el Hermano Alfonso después de su profesión de votos solemnes. La expresión *solemne* indica la seriedad del compromiso que asume el religioso cuando, después de completar los tres años de profesión temporal, y previa aceptación por parte de la comunidad, promete fidelidad perpetua a la vida religiosa que ha profesado. El joven de la parroquia de San Miguel de Watts hizo esta promesa el 3 de Septiembre de 1954, en el monasterio de Kansas City.

En el caso de este candidato procedente de una de las parroquias de la orden, no hubo ninguna duda en las mentes de los responsables locales de juzgar la aptitud de los candidatos a hacer tan exigente promesa. Según la opinión de sus superiores, su observancia de los tres votos durante el período de prueba fue "ejemplar". Con aguda percepción ellos habían descubierto en Alfonso una calidad que proféticamente anticipaba la característica más sobresaliente de su vocación a lo largo de sus más de 40 años en el servicio de Dios. Sus superiores tomaron nota de esto en las siguientes observaciones encontradas en las notas capitulares del monasterio de Kansas.

> Quizás la mayor virtud del Padre Alfonso es su buena voluntad. Parece que nunca se le ha pedido que preparara o hiciera algo y que no haya recibido el encargo con una gran dosis de buena voluntad, y lo ejecutara lo mejor posible, de acuerdo con su capacidad.[6]

Alfonso había sido aprobado por unanimidad de votos para su compromiso perpetuo de la vida religiosa. Renunció generosamente a toda propiedad así como al derecho de posesión de las mismas en el futuro, voto que mantuvo aun después de su promoción al episcopado. Sin embargo, hubo sombras en medio de tan prometedora predicción. Sus "ojos son pobres", continúa afirmando el informe médico, una condición que aparentemente se tuvo muy en cuenta al hacer un comentario respecto a su "deficiencia académica".

La historia de su severa minusvalía le acompañaría hasta el monasterio de Tagaste en Suffern, Nueva York, donde tuvo que comenzar los estudios teológicos necesarios para acceder al sacerdocio. Los ojos dañados empezaron a dar señales de deterioro adicional y amenazaban con el posible desprendimiento de retina. El Dr. Blasdel de Los Ángeles, tan interesado en las anteriores cirugías, escribió a Alfonso en un tono consolador, mientras al mismo tiempo le recordaba que "al ser un individuo tan sumamente corto de vista desde su nacimiento, sus ojos estaban más expuestos a un desprendimiento de retina de lo que lo estarían los ojos de cualquier otra persona."[7] En la misma carta, el médico aconseja firmemente al joven seminarista que evite las ocupaciones que requieran esfuerzos vigorosos, al igual que los deportes. Sin duda, los problemas visuales que padecía Alfonso lo identificaban como una persona "discapacitada".

¿Hasta qué punto este obstáculo de su visión deficiente influyó en su vehemente deseo de ser sacerdote y servir fielmente al pueblo de Dios? Lo que podía ser un obstáculo insuperable para alguien envuelto en una vida de estudio y preparación académica para el sacerdocio, parecía que —en su caso— constituía un mayor incentivo y acicate para perseverar en la lucha por alcanzar su objetivo. Su equiparación de la entrega de sí mismo a Dios con el quemarse del grano de incienso en los carbones del incensario se convirtió en realidad. Alfonso no buscó ningún tratamiento especial ni privilegio alguno, sino que siguió el plan de estudio de los seminaristas con la misma alegre obediencia de siempre. Debido a su limitada visión fue dispensado de rezar el Oficio Divino en común, una practica esencial en una comunidad mendicante; pero a pesar de ello se unía a la comunidad a todas las horas señaladas y rezaba el rosario en sustitución del Breviario. Su devoción a la Santísima Virgen era intensa y llena de amor.

Dudas respecto a un sacerdote visualmente impedido

Pero en el momento de la ordenación sacerdotal de Alfonso surgieron serias dudas en las mentes de sus superiores, debido a las limitaciones que su desventaja física había impuesto en el desarrollo de sus estudios. La angustia sufrida por los religiosos llamados a juzgar sobre su capacidad académica para acceder al sacerdocio salió a la superficie en el informe del Capítulo del 18 de enero de 1958.[8] "Debido a la deficiencia de sus ojos y a su incapacidad para estudiar, el Capítulo convino en que después de ser ordenado, el Hermano Alfonso Gallegos, de San José, debía asistir a clases por dos o tres años hasta que adquiera el suficiente conocimiento para escuchar confesiones apropiadamente; después de esta recomendación fue aprobado en forma unánime (8 votos blancos)."

No obstante, al acercarse la fecha de la ordenación, volvieron a surgir dudas por parte de algunos capitulares (es decir, religiosos profesos designados para votar en estas cuestiones, de acuerdo con el Derecho Canónico y las Constituciones de la Orden), respecto a la validez canónica del voto emitido con anterioridad. ¿Constituye este perjuicio visual un impedimento para la ordenación sacerdotal? En las notas del libro de Actas del Capítulo consta que hubo una larga discusión sobre el asunto, y que el resultado de la votación hecha el 16 de mayo de 1958 fue de 4 votos blancos y 4 votos negros, esto es, cuatro en favor de su ordenación y cuatro en contra o dudosos.[9] El asunto fue derivado al Prior Provincial, quien después de consultar con el Consejo Provincial, disipó las dudas sobre la posibilidad de haber incurrido en alguna irregularidad en la unánime votación anterior en favor de la idoneidad de Alfonso para la ordenación sacerdotal.

La tenacidad, la constancia y el amor a su vocación ayudaron a Alfonso a avanzar hasta el pie del altar, al que ascendió el 24 de mayo de 1958, día de su ordenación sacerdotal de manos del Obispo Ordenante, el Muy Reverendo James H. Griffiths, Obispo Auxiliar de la Arquidiócesis de Nueva York. La ordenación tuvo lugar en el Monasterio de Tagaste, el seminario mayor de los Agustinos Recoletos en los Estados Unidos. Alfonso celebró su primera Misa solemne en la parroquia de San Miguel, el 8 de junio de 1958. Volvería a la parroquia dos años después, para asistir en el lecho de muerte a su madre Caciana, cuyo deceso quedó registrado en el diario de la parroquia como "una santa y hermosa muerte".[10]

CAPÍTULO 3

Predicando la Palabra

El pueblo de Suffern, en Nueva York, donde está situado Tagaste, se convertiría en el área donde el neo-sacerdote ejercería su apostolado sacerdotal durante los siguientes 8 años. La suya era una de esas caras sonrientes y acogedoras que recibían a los visitantes a la entrada del viejo edificio con vista panorámica hacia las montañas llamadas "Ramapo". Su manera de hablar siempre educada era la de un profesor de inglés, clara y precisa.

Sus múltiples ocupaciones como sacerdote recién ordenado incluían la capellanía de numerosos conventos de religiosas en el área, así como en el Hospital *Good Samaritan,* situado directamente al cruzar la calle del monasterio de Tagaste. La asistencia a las parroquias locales durante los fines de semana formaba parte de su iniciación a la vida como —según palabras de San Agustín— "dispensador de la palabra y del Sacramento". No olvidemos su asistencia a los *Blind Players,* una organización dedicada a proporcionar facilidades para las vacaciones de verano a los visualmente incapacitados. Parte de su interés en esta organización incluía sus esfuerzos por aprender el sistema Braille. Durante esos años, el monasterio de Tagaste fue el anfitrión para los primeros *Cursillos de Cristiandad* organizados para los hispano-parlantes de la Arquidiócesis de Nueva York.

Sin embargo, sus problemas visuales seguían interfiriendo con su entrega total al apostolado. En ese entonces Alfonso estaba bajo el cuidado del famoso Dr. Ramón Castroviejo, quien en una temprana entrevista con él (en ese entonces todavía seminarista), expresaba su sorpresa por el hecho que una persona con tan severo impedimento visual pudiera aspirar a una profesión tan exigente en términos de estudio y lectura como es el sacerdocio católico.

En parte, la larga estadía y la vida más sedentaria en Tagaste fueron una protectora y conservadora decisión por parte de sus superiores, quienes no estaban dispuestos a arriesgar su delicada visión con tareas más exigentes. Como tantas veces sucede, quienes no tienen estos impedimentos pueden sobreproteger y no reconocer el increíble poder compensatorio de la voluntad de alguien que sabe lo que es vivir en las sombras y la oscuridad de una visión arruinada. El Padre Alfonso no quiso tratamiento especial; es más, procuró aprender a conducir un automóvil para sorpresa y terror de sus compañeros. De algún modo, este sacerdote siempre acogedor a la entrada del monasterio, muy amado por su delicadeza, buen humor y genuino amor a la gente, así como por su entusiasmo por el Evangelio, era lo que podríamos llamar una "floración tardía".

"Sé bueno, Alfonso, y que Dios te bendiga"

El período inmediatamente posterior a su ordenación no estuvo exento de sus pruebas. En 1958 Alfonso fue operado exitosamente para corregir un desprendimiento de retina en su ojo derecho. Pero en el otro ojo la situación era menos optimista. El Dr. Castroviejo informó que "el ojo izquierdo, con una débil percepción visual, está afectado por un desprendimiento total de retina, lo que no puede ser corregido mediante la medicación o la cirugía."[1] Parece que la retina del ojo izquierdo se había atrofiado.

En medio de estos procedimientos y tratamientos, que tuvieron lugar durante los primeros dos años de su ministerio sacerdotal, Alfonso recibió el apoyo de la comunidad recoleta así como de su familia. Aún se conservan algunas cartas de su madre

Caciana, escritas durante este período. Ella misma no se encontraba bien de salud debido a una debilitadora deficiencia cardiaca. Estas cartas son joyas espirituales de una simplicidad y piedad sin quejas, en las que informa a su hijo de su condición, pero mucho más de la gratitud que le debe a Dios y a su amorosa familia por tanta solicitud y ayuda.

El profundo amor que caracterizaba el matrimonio de José y Caciana se pone de manifiesto en una bellísima cita de una carta escrita en el 2 de mayo de 1960. "Por cierto, las chicas me cuidan mucho, vienen y me hacen la limpieza de la casa. El pobre papá ayuda también; se siente tan mal cuando estoy enferma. He estado rezando a la Santísima Virgen, a San José y al Sagrado Corazón de Jesús para que me curen. Sé que papá me necesita y yo lo necesito a él."[2] Caciana recordaba a su hijo que las "buenas personas" de la parroquia de San Miguel siempre preguntaban por él. Y, por supuesto, le informó de la exitosa celebración del 25 aniversario del "Saint Joseph Wake"[3] celebrado ese mismo año de 1960 con los amigos de la familia y la participación de los vecinos. Cada una de estas cartas termina con algún sencillo consejo al hijo sacerdote: "Sé bueno, Alfonso, y que Dios te bendiga." Ésta fue la última celebración de la fiesta de San José para Caciana, quien partió a gozar de su premio celestial el 10 de junio de 1960, siendo seguida por su querido esposo once años más tarde, el 10 de junio de 1971.

Padre Alfonso se encuentra con la nueva generación de "yo mismo"

El primer cambio en el largo período del ministerio en nombre de la comunidad de Tagaste llegó en el verano de 1966, cuando el todavía joven Padre Gallegos fue elegido por el Provincial y su Consejo como Prefecto de los Estudiantes Profesos del Monasterio de San Agustín en Kansas, City, Kansas, el que había sido escenario de su propio noviciado y de sus primeros años de formación como Agustino Recoleto. Tras la renuncia del Maestro de Novicios por razones de salud, el Padre Alfonso se hizo cargo de esa función. Durante el tiempo de su oficio como Maestro de Novicios, un puesto de mucha responsabilidad, tuvo que confrontar la mentalidad de los jóvenes candidatos, totalmente diferente a la piedad pre-Vaticano II de su propia generación.

Surgieron grandes tensiones en las casas de formación de religiosos durante la década de los 60, cuando las comunidades comenzaron a reelaborar las Constituciones de los Institutos y a responder a los requerimientos del Concilio Vaticano Segundo, tanto en lo referente a un retorno al carisma básico de la congregación como en una apropiada adaptación a los cambios de los tiempos. Se cuestionaba todo, y parecía estar a la orden del día una presión permanente para experimentar nuevos rumbos. Los candidatos eran más escépticos, más conscientes de su individualidad y más cuestionadores de la tradición y de la autoridad. Tal situación fue ciertamente un reto para un hombre de obediencia rápida y de genuina humildad.

Pero Alfonso no cerró la puerta a la nueva generación. Su apasionada preocupación por la juventud, tan evidente en sus futuros ministerios como párroco y obispo, se vio puesta a prueba e intensificada durante los difíciles años en los que sirvió como Maestro de Novicios. Era conocido por sus súbditos como estricto y a la vez justo, piadoso y sin embargo siempre alegre. Algunos veían en él a una figura de autoridad en un tiempo en el que todos los que se desempeñaban como autoridad eran cuestionados. Éste no fue un tiempo fácil para el religioso que se había definido como un "grano de incienso" en el altar del sacrificio.

Un tiempo de renovación personal

Estas auténticas cualidades de varonil piedad e infatigable caridad lo mantuvieron en el área de la formación después de sus tres años como director del noviciado. En el verano de 1969 regresó a Tagaste como vice-prior y prefecto de los teólogos, a lo que se añadió la capellanía a tiempo completo para las Hermanas de la Caridad del Hospital *Good Samaritan*. Pero esto no fue una simple repetición de sus anteriores años en Tagaste.

En esta coyuntura, hubo un cambio significativo en la vida de Alfonso. Parecía que quería deshacerse de las limitaciones que lo inhibían en la crónica batalla con el impedimento de su visión. Hubo un nuevo y decisivo talante de "puedo hacerlo", lo cual lo llevó a solicitar permiso para avanzar en su propia educación, ya que ésta, debido a los problemas de sus ojos, había sido inconsistente e irregular. El permiso fue concedido y, acto seguido, se matriculó en el Colegio Santo Tomás de Aquino en Sparkill, Nueva York, una institución de las Hermanas Dominicas, situada no lejos de Suffern. Se unió a un grupo de jóvenes alumnos que asistían a la escuela nocturna y concurría con ellos a las clases vespertinas. Hasta hoy en día, sus compañeros de la escuela guardan un grato recuerdo de su afable compañía. Obtuvo su título de Bachiller de Ciencias en Psicología en junio de 1970 y, alentado por este éxito alcanzado, aceptó un nuevo reto matriculándose en el programa para obtener un *Master* (Programa de Maestría) en orientación psicopedagógica en la Universidad de St. John, en Jamaica, Nueva York. Para alcanzar este objetivo, aceptó el intimidador reto de viajar en autobús, tren y metro desde el semi-rural Suffern al campo urbano de la universidad. El esfuerzo resultó exitoso. Recibió el *Master* en junio de 1972. Estas victorias sobre su impedimento físico y su decisiva apertura al futuro tendrían gran repercusión durante los años siguientes en el desarrollo de la vocación que tanto había deseado el Padre Gallegos.

Watts *"fuera de control"*

Retorno del hijo a su tierra natal

Es costumbre entre las órdenes religiosas celebrar asambleas, las cuales son llamadas *Capítulos*, cada tres años o más, para elegir a los superiores y definir los programas de la congregación. Después del Capítulo Provincial de 1972, que tuvo lugar en Kansas City, Kansas, el Padre Alfonso fue asignado por primera vez a una parroquia, después de 14 años de ministerio en las casas de formación de la provincia de San Agustín. Fue nombrado párroco de su parroquia natal, la iglesia de San Miguel en Watts. Como era de esperarse, él accedió a la petición de sus superiores sin ninguna vacilación, a pesar de expresar posteriormente su preocupación acerca del retorno del hijo a su suelo natal, en referencia al adagio bíblico que afirma que ningún profeta es aceptado en su patria. Pronto se desvaneció cualquier temor que él haya podido tener respecto a la aceptación por parte de los feligreses de San Miguel o de su eficacia como profeta. Desde el día en que asumió su cargo como párroco e hizo su profesión de fe, el 2 de agosto de 1972, inició una práctica pastoral que estuvo definitivamente marcada por tres constantes: su amor a los niños, su preocupación por los jóvenes y su pasión por la educación.

Watts había sido centro de atención nacional durante los violentos motines que sacudieron tanto el vecindario como la ciudad de Los Ángeles en el verano de 1965. Este vecindario sumido en la pobreza estaba constituido por una mezcla racial en su mayoría afro-americana, y una minoría mexicano-americana y suramericana asentada allí desde hacía tiempo. Muchas de las familias mexicano-americanas, amigos y vecinos de la familia Gallegos, se habían desplazado a otras áreas de la ciudad al mejorar su situación económica. No obstante ello, Watts seguía siendo un imán para los recién llegados y los inmigrantes ilegales, procedentes tanto de México como de otros países latinoamericanos. Los disturbios expresaban la acumulación de agravios que salían a la superficie durante esos años de confusión y lucha en nombre de los derechos humanos para todos. El comentario de los religiosos de la parroquia durante este tiempo de disturbios, era que "las cosas están fuera de control en Watts, la sección central del distrito está en llamas."[1] Después de la destrucción y la violencia callejera, el orden fue restablecido en el barrio, si bien quedó una sensación de inseguridad. Era uno de esos vecindarios en el que los no-residentes no entraban, especialmente después que oscurecía. El levantamiento y la presencia amenazante de las *bandas* (también llamadas *pandillas*) contribuyeron a crear un clima de incomodidad y tensión en la sociedad.

Quizás el medio ambiente social de la parroquia de Watts esté mejor resumido en los comentarios hechos por los cronistas de la casa en el siguiente texto, tomado del *Libro de cosas notables* de la Navidad de 1971, año anterior a la llegada del Padre Alfonso como párroco. "La Misa de media noche, Misa de Gallo: es un reto tener alguna clase de servicio en las horas de la noche en nuestra iglesia, sin embargo, hemos tenido la Misa de Gallo esta Navidad, al igual que las Navidades anteriores desde 1966. Ha asistido un buen número de personas y nada malo o deplorable ha sucedido esa noche, por lo menos hasta donde yo sé. A menudo se roban las baterías de los coches y a veces éstos son robados e incendiados. Lo que es peor aún, hombres y mujeres son robados y golpeados en la calle, y además (ellos) irrumpen en sus casas robando cuanto pueden. Esto solía suceder en Watts a cualquier hora del día o de la noche. Han entrado unas cuantas veces en nuestra escuela y han robado máquinas de escribir, televisores y otras cosas. Hace cerca de dos años se instaló la alarma silenciosa en la escuela para evitar que los ladrones se metan los fines de semana o en cualquier otro momento. Sin embargo se las han arreglado para entrar en dos ocasiones distintas y saquear los salones de clase. Con todo lo que está sucediendo, esto no es el *Infierno de Dante* sino el infierno de Watts."[2]

Fue en este contexto de pobreza, temor y sospecha que el Padre Alfonso Gallegos comenzó su labor pastoral, prometiendo en una carta a su provincial hacer "lo mejor que pueda para cubrir las necesidades de las personas y trabajar para la gloria de Dios, revitalizando el elemento espiritual de la comunidad."[3] Contenidos en esta promesa se encuentran tres metas claves que condujeron el empuje apostólico del nuevo párroco. Estas metas son: (1) las múltiples necesidades de la gente, tanto materiales como espirituales; (2) la revitalización del elemento espiritual, esto es, la familia y el liderazgo potencial de los laicos; (3) trabajar para la gloria de Dios, olvidándose de sí mismo e imitando los caminos de Cristo en la celebración y el ministerio diarios.

La gente y sus necesidades

La pobreza tiene muchas caras y es un término que puede ser apropiadamente aplicado a muchas situaciones humanas de depravación y abandono. Lo primero que nos viene a la mente es la falta de recursos materiales, es decir, de los medios económicos que permiten llevar una vida con un mínimo de seguridad en las áreas básicas de la nutrición, la vivienda y la salud. Una iglesia parroquial cuenta con muy pocos medios para responder a estas necesidades; lo más que puede hacer es servir como coordinadora o figura representativa frente a las más grandes y diversas agencias filantrópicas o civiles. Estas áreas tuvieron que ser estudiadas detalladamente en un informe auspiciado y preparado para los Agustinos Recoletos por el *Center for Applied Research in the Apostolate* (C.A.R.A.).[4] Pero hay otra área de pobreza que está constituida por la "cultura de la pobreza", la ausencia o la falta de medios y habilidades con los cuales poder hacer frente a la vida en el complicado entorno urbano de una de las ciudades más grandes de América.

No nos sorprende, por lo tanto, que el Padre Alfonso haya hecho de la educación y de la escuela parroquial las principales prioridades de su plan parroquial. "Educación para una mejor comunidad" era el tema subyacente en aquella *Filosofía escolar* iniciada por el nuevo párroco en su retorno a Watts. El hermano Michael Stechmann, un maestro agustino recoleto, quien trabajó hombro a hombro con el futuro obispo, exhibiendo una percepción muy aguda, remarcó en una carta suya a un admirador del Obispo Gallegos que "él (A.G) ayudó a tomar conciencia al profesorado, los padres, los estudiantes y los feligreses, de que uno de los principales servicios que podemos prestar a la comunidad es el de educar a nuestros jóvenes, formándolos de tal modo que se constituyan en los recursos más valiosos, capaces de prestar servicios benéficos y así edificar y elevar el nivel de la comunidad local."[5] Pocos documentos inspirados por Alfonso Gallegos son tan exactos y convincentes como esta carta salida del corazón y escrita por un compañero que diariamente fue testigo de cómo su párroco vivía alegremente los valores del Evangelio que profesaba.

El Padre Alfonso adoptó como practica diaria el saludar a los niños al comienzo del día escolar y encontrarse con ellos de nuevo por la tarde, a su regreso a casa. Un padre de familia entristecido por el posible traslado del Padre Alfonso de San Miguel a otra parroquia, resumía así el magnetismo que su párroco ejercía sobre los niños y evidentemente también sobre las familias, al afirmar que "cada vez que mis niños regresan a casa de la escuela, o de la Misa dominical, me dicen: el Padre Gallegos me estrechó la mano, me contó una broma o simplemente conversó con nosotros." La misma carta dirigida a los superiores del Padre Gallegos contiene un mensaje salido del fondo del corazón de quien la escribe; en ella dice que su párroco había sido un "regalo de Dios para sus hijos, la comunidad y la población."[6]

Además del toque personal de acercamiento en el ejercicio de la pastoral entre los niños, el Padre Gallegos había llevado a la comunidad docente a adoptar una filosofía escolar bien articulada en el documento de la *Evaluación Propia de la Escuela Elemental de San Miguel,* documento formalmente preparado en abril de 1975. El párroco y su equipo de profesores prestaron una atención realista a las condiciones de las familias en el vecindario cuyos ingresos anuales, en muchos casos, estaban por debajo del nivel de la pobreza. Para contrarrestar tales datos económicos tan negativos, el proyecto de la escuela había quedado previamente reflejado en el lema, "Educar para mejorar la comunidad", haciendo énfasis en la importancia de la "toma de conciencia de que cada niño debe conocer y respetar su dignidad como persona, entender y enorgullecerse de su herencia cultural, y afianzarse en una auténtica relación con Dios."[7] El número de niños matriculados alcanzó la cifra de 350 alumnos.

El programa escolar basado en su inserción en la comunidad tuvo tal éxito, que en 1977, cinco años después de su designación como párroco, pudo escribir a la Cancillería de la Arquidiócesis de Los Ángeles, pidiendo que se discontinuara el subsidio financiero otorgado a la parroquia.[8] Ambos hechos —el aumento de niños matriculados y el éxito de la campaña de recaudación de fondos— hablan de un significativo cambio en un vecindario condenado a la decadencia y al caos social. Sin embargo, la decisión de continuar con la propia financiación demostró ser controversial para los futuros párrocos de la parroquia de San Miguel, quienes no tuvieron el mismo acceso a las fuentes financieras que habían sido puestas a disposición del Padre

Alfonso como hijo nativo de Los Ángeles y de la comunidad de Watts. Pero lo que movía al párroco era su deseo de fomentar un espíritu de superación entre los feligreses de San Miguel, haciéndoles sentir más responsables, al liberarse de la dependencia financiera de la Arquidiócesis. Edificar una comunidad tiene mucho que ver con la imagen que la gente del lugar tiene de sí misma. Alfonso quiso crear una conciencia positiva de sí misma entre la gente del barrio asistida por la parroquia de San Miguel.

Capellán a los *low-riders*

El activísimo ministerio del futuro obispo entre los niños, las familias y los jóvenes de Watts contaba con el apoyo de la comunidad religiosa en la que había hecho su profesión como Agustino Recoleto. Estaba acompañado y respaldado por otros sacerdotes y hermanos de la comunidad, quienes se le unían en la oración, la Eucaristía diaria y los ministerios parroquiales. Como superior local, supo compartir ideas, trabajos y proyectos. También compartían la "mesa de los pobres" en una atmósfera de fraternidad y buen humor. Todos los religiosos que habían conocido o que vivieron con Alfonso quedaban sorprendidos de su perenne optimismo y constante alegría. Cada día con Alfonso comenzaba como una "hermosa mañana". Su sonrisa era contagiosa y se extendía a todos, ya fueran los mendigos o los inmigrantes ilegales a la puerta de la rectoría, el ambiente hostil de los hogares deshechos de Watts e inclusive los escandalosos *low-riders*[9] [dueños de automóviles diseñados y reconstruidos para bajarles el chasis, con el cuerpo del automóvil decorado de manera vistosa, generalmente usados por jóvenes latinos] que los viernes y sábados por la noche dominaban los barrios internos de la ciudad. Para atraerlos, solía frecuentar sus reuniones callejeras en las esquinas los fines de semana, bendecía sus autos lujosamente decorados, invitaba a los jóvenes a concurrir a la iglesia y los alentaba a pensar en recibir educación.

Después de su designación como Obispo Auxiliar de la Diócesis de Sacramento, afirmó en un comunicado de prensa (1 de septiembre de 1981) que: "me gustaría mucho ser un obispo de los jóvenes y para los jóvenes." Un resumen de su acercamiento a los jóvenes de Watts está contenido en el siguiente comentario a un periodista.

"Durante mis seis años en Watts he visitado a los jóvenes en sus hogares, me he encontrado con ellos en las esquinas de sus calles y en las canchas de basketball, los he invitado a la rectoría, he desarrollado programas para ellos en el salón de actos de la parroquia, los he llevado a los colegios y universidades. Hemos visto a 27 jóvenes de ambos sexos graduarse en el colegio. Antes, merodeando por las esquinas, ellos sentían que el mundo no tenía nada que ofrecerles —hasta que descubrieron que ellos tenían algo que ofrecer al mundo."[10]

Este énfasis en la superación personal y comunitaria por medio de la educación quedó de manifiesto en su propio adelanto en el rango académico, cuando obtuvo otra Maestría en estudios religiosos y pedagogía, en Loyola-Marymount University mientras prestaba sus servicios como párroco de San Miguel.

Uno de los proyectos pioneros en la formación espiritual y religiosa de los hispanos de la Arquidiócesis de Los Ángeles se proyectó más allá de los límites de la parroquia. En estrecha colaboración con el Arzobispo, el Cardenal Timothy Manning, y la junta directiva de la Arquidiócesis, ayudó a establecer uno de los primeros programas del Diaconado Permanente para los hispano-parlantes del país. Tales gestos revelan el concepto de "iglesia" que guiaba al párroco de San Miguel. Él pensaba en la parroquia no en términos de una comunidad aislada, sino como una célula viva en el Cuerpo de Cristo, la Iglesia universal.

San Miguel de Watts, una comunidad "pobre pero no triste"

Las crónicas de la parroquia de San Miguel durante los seis años de pastoreo del Padre Gallegos, desde 1972 hasta 1978, proporcionan virtualmente un recuento día a día del acercamiento pastoral seguido por el Padre Alfonso y sus compañeros agustinos recoletos, desde el día de su llegada a la parroquia, el 26 de agosto de 1972. Después del encuentro con el Arzobispo, el Cardenal Manning, y con el Obispo John Ward, Vicario General y Obispo Regional, el Padre Alfonso invitó a los jóvenes del área a reactivar la Organización Católica de la Juventud, la C.Y.O. de sus años juveniles de Watts. Hacia octubre se formó el primer consejo parroquial para cumplir con los requerimientos del derecho canónico post-Vaticano II. Éste debía proporcionar consejo y apoyo en las siguientes seis áreas de interés: (1) educación (2) asuntos sociales (3) liturgia y música (4) la juventud (5) propiedades y (6) finanzas.

El párroco se esforzó por conseguir el apoyo de la familia y de los antiguos feligreses, lo que dio resultados muy positivos. Ciertamente, fue una estrategia para "despertar la conciencia" en aquéllos que habían avanzado social y económicamente, para que recordaran a quienes habían sido "dejados atrás" en la pobreza y a aquellos otros que habían llegado recientemente en busca de una vida mejor.

Para muchos de los antiguos vecinos, Watts había cambiado drásticamente. Las bandas y la consiguiente lucha entre éstas, así como la intrusión de las drogas y sus traficantes, habían hecho de Watts un último recurso como lugar para vivir. Reconociendo estas realidades, el Padre Gallegos y su equipo — que incluía a los sacerdotes y hermanos agustinos recoletos que formaban la comunidad religiosa, a las Hermanas del Amor de Dios que prestaban sus servicios en la escuela y a los voluntarios laicos— se extendieron ampliamente en el distrito en busca de apoyo. De nuevo, el concepto de "Iglesia única" del Padre Gallegos, el cual era la noción clave detrás de su actuación como Obispo Auxiliar de la Diócesis de Sacramento, enfatizaba la noción de una responsabilidad compartida por parte de los más pudientes en favor de los menos afortunados y sus vecindades. Esto se llevó a cabo en Watts cuando los antiguos feligreses respondieron al pedido de ayuda del Padre Alfonso.

Un sector que comenzó a prestar ayuda fue el de los sindicatos de obreros. El Padre Alfonso fue invitado a dirigir la palabra en varios actos organizados por los unionistas, y pidió a estos defensores nacionales de la justicia social que prestaran atención a las abismales condiciones de desprotección de los sectores que habitaban en los barrios pobres de la ciudad, que habían quedado "retrasados", a pesar de los grandes avances económicos del trabajador americano. No dudó en comunicarse con el gobierno de la ciudad y las agencias de policía en su lucha en favor de la población local, solicitando programas de ayuda y una mejor protección policíaca. Tampoco la legendaria Hollywood se quedó fuera de sus peticiones en favor de su rebaño, y de vez en cuando hubo generosas aportaciones por parte de personas en la industria del entretenimiento.

El fuerte énfasis puesto en la familia y la comunidad, dos entidades sociales interdependientes de las que dependen la seguridad y la paz del vecindario o de la ciudad, se puso en evidencia en la promoción de la oración en familia, especialmente el rosario, en la organización del "Rosario Viviente" en procesión por las calles aledañas a la parroquia, así como la cuidadosa preparación de la liturgia dominical y de los días de fiesta. Además de estas experiencias espirituales comunitarias, el párroco y sus asociados aprovechaban cualquier oportunidad para acercarse a la gente creando ambientes sociales que facilitaran el conocerse y superar los miedos que les mantenían separados y aislados.

Otro suceso bastante interesante fue la transformación anual de la quintaesencia de las celebraciones americanas, el

Thanksgiving (Acción de Gracias), en un acontecimiento parroquial. Dado su peculiar origen anglo-americano, el significado del *Thanksgiving* no es percibido fácilmente por un recién llegado a los Estados Unidos. El equipo de pastoral de San Miguel convirtió este día de fiesta en un banquete parroquial al que todos estaban invitados. Las crónicas hablan de la asistencia de 300 a 500 personas en la sala del banquete donde el párroco, las hermanas, los hermanos y los voluntarios servían el pavo americano estándar a la inmensa asamblea congregada.

Regularmente, el Padre Alfonso pasaba la Navidad y la Pascua de Resurrección visitando los hogares y las familias en el vecindario de la parroquia. El vecindario mismo estaba en proceso de transformación. Los mismos jóvenes que habían pintado *graffiti* en las paredes de los edificios de la parroquia fueron desafiados a reemplazar las pinturas violentas por trabajos creativos con significado espiritual. Estos mismos jóvenes, algunos de los cuales habían estado asociados con bandas y drogas, fueron animados a cooperar en la escuela de verano, enseñando o sirviendo de tutores con los niños más pequeños, y a asistir a los programas de educación para adultos que se tenían a lo largo del año. Ningún grupo fue excluido. El Padre Javier Iturri, OAR, misionero veterano y sacerdote más antiguo, servía como coordinador de los mayores.

Estos fueron años realmente emocionantes para el Padre Alfonso Gallegos, quien parecía encontrar tiempo para todo y para todos. La experiencia de servir como pastor de almas en el a menudo conflictivo barrio de Watts le serviría más tarde como modelo para desempeñar su futura misión de Obispo Auxiliar de Sacramento, una posibilidad ni siquiera pensada cuando el 30 de junio de 1978 recibió aviso de su traslado a la parroquia de Cristo Rey en Glendale, California.

La Gloria de Dios

Como seminarista, se notaba que el Hermano Alfonso "siempre dedicaba la mayor parte de su tiempo al estudio y a la lectura de obras espirituales y piadosas."[11] Su "deseo de entregarse por entero a Dios," tal como lo expresó en la declaración en la que explicaba su vocación —*Porqué me hice Agustino Recoleto*—, estaba firmemente afianzado en su vida de oración. Debido a la deficiencia de su visión le fue permitido sustituir la lectura del Oficio Divino por la recitación del santo rosario, mas no por este privilegio se permitió a sí mismo ausentarse de la oración en comunidad. "Parece que el nunca se ausentó de los actos de comunidad sin razón suficiente"[12] es la forma en la que sus superiores describen su asistencia a la vida de oración en comunidad.

Estas prácticas sustentaron su dedicación a la liturgia y a la oración comunitaria en la parroquia. En la noche de su partida de San Miguel para asumir el pastoreo de la iglesia de Cristo Rey en Glendale, su consejo parroquial resumió muy bien su impacto en la vida espiritual del tan a menudo problemático vecindario de Watts. "Es una ocasión muy rara", escribían los consejeros, "aquélla en la que una persona puede hacerse cargo de una comunidad que languidece espiritualmente y, con la gracia de Dios, hacerla renacer por medio de su fe en Dios y el amor a sus gentes."[13]

El Cardenal Manning secundó la preocupación de los feligreses de San Miguel en una carta al Prior General de la Orden de Agustinos Recoletos. "El Padre Gallegos es un pastor muy amado por su gente, intensamente pastoral en su solicitud por las ovejas...[él es] uno de los delegados en nuestro Senado de Sacerdotes y está profundamente comprometido con el programa de Diaconado Permanente."[14] El Padre Gallegos había descubierto que Dios estaba presente en Watts a pesar de la pobreza y la criminalidad deshumanizantes. El tenía otra manera de ver la realidad, la cual quizás puede ser vista solamente "con los ojos del corazón", expresión bíblica muy amada por San Agustín y un privilegio de la gracia reservado a los profetas. El Cardenal Roger Mahony, sucesor del Cardenal Manning en la Arquidiócesis de Los Ángeles, recordaba en su homilía en la Misa exequial por el Obispo Gallegos que "casi tres años después de su designación como párroco, el Padre Gallegos reflexionaba sobre la necesidad de la alegría como instrumento de la gracia de Dios: el futuro obispo notaba que Watts es un área empobrecida, pero no un área triste. Hay un gran espíritu y mucha esperanza. Es una comunidad muy alegre a pesar de todo."[15]

CAPÍTULO 5

Una llamada a un apostolado más extenso

Cristo Rey y la Conferencia Católica de California

El Prior General de los Agustinos Recoletos había respondido al Cardenal Manning sobre su preocupación respecto a la posibilidad de perder los servicios del Padre Gallegos en la Arquidiócesis de Los Ángeles, afirmando que dos períodos consecutivos de tres años como superior religioso o párroco era la norma constitucional de la Orden. Al mismo tiempo le aseguraba que el nuevo Prior Provincial a ser elegido en un futuro próximo y su Consejo tomarían en consideración la petición del Cardenal.[1]

Como resultado del Capítulo Provincial de 1978, el Padre Gallegos no fue trasladado de la Arquidiócesis de Los Ángeles sino que fue nombrado párroco de la parroquia de Cristo Rey en la sección de Glendale, un distrito de Los Ángeles. El traslado se hizo oficial el 16 de julio de 1978. Cristo Rey es una parroquia pequeña en lo que a territorio se refiere. Fue fundada y erigida por la población mexicano-americana de la vecindad, en cooperación con los religiosos agustinos recoletos. Aunque menos asociada a la reputación de violencia de Watts, sin embargo

Glendale presentaba una situación pastoral similar a aquélla. Existía la necesidad de responder a las costumbres espirituales y piadosas de una población en su mayoría mexicana, más antigua, más establecida y tradicional, con sus hijos y nietos americanizados, así como el poder llegar a una nunca decreciente inmigración de latinoamericanos, tanto legales como ilegales. No le tomó mucho tiempo al Padre Alfonso ganarse los corazones de estos feligreses.

Pero dentro de ese año posterior a su traslado a Glendale, la reputación del Padre Gallegos había llamado la atención de los obispos de California, quienes habían establecido recientemente una División de Asuntos Hispanos bajo los auspicios de la Conferencia Católica de California (asociación de obispos de todo el estado). El puesto de director de la nueva división fue ofrecido al Padre Gallegos, quien como era su costumbre, puso el asunto en manos de sus superiores, tanto diocesanos como religiosos. Hubo cierta renuencia de ambas partes. El Cardenal Manning sentía la pérdida de un buen amigo y guía diocesano entre los hispanos, el cual sería enviado a Sacramento, sede de la Conferencia Católica de California. Una tristeza similar, en medio de la alegría de ver a un hermano religioso reconocido de manera tan singular por los obispos de California, fue la reacción natural entre los recoletos, ante su separación de la vida normal de la comunidad.

El establecimiento de una División de Asuntos Hispanos para la Región XI por parte de la Conferencia Católica de California era una respuesta a la apremiante necesidad, por parte de la Iglesia de California, de encausar la creciente importancia de la población hispano-parlante en el Estado Dorado. "El Padre Gallegos parecía ser el más indicado" entre los candidatos al cargo de director "cuando la Conferencia Católica de California se encontró finalmente en posición de establecer una División de Asuntos Hispanos." Así escribió el Obispo Auxiliar de Los Ángeles, Monseñor John Ward, quien añadió a sus comentarios que él había enseñado catecismo al nuevo director cuando, como seminarista y joven sacerdote, había prestado sus servicios en el área de Watts.[2]

La presencia hispana en California es a la vez histórica y contemporánea. El originario establecimiento y desarrollo del vasto territorio como parte del imperio español lo había dotado con la cultura colonial de las misiones y centros cívicos de soldados, mercaderes y rancheros, quienes dieron identidad al estado, identidad todavía presente en los nombres de pueblos, ciudades y autopistas. Pero más decisiva, sociológicamente hablando, ha sido la continua migración (especial aunque no exclusivamente mexicana) de los hispano-parlantes al estado a lo largo del siglo XX. Comenzando con los cristeros, aquellos católicos escapados de la persecución religiosa de México entre los años 1920 al 30, la corriente migratoria continuó con miles de trabajadores y labradores que se dirigían hacia el norte en busca de nuevas oportunidades y apoyo económico para sus familias. Aunque la Iglesia Católica de California había respondido a este fenómeno a nivel local, la evidente y arrolladora presencia de esta nueva población, a menudo bastante movible, reclamaba un esfuerzo bien coordinado entre las diócesis, para atender a los recién llegados hispanos, frecuentemente desarraigados y económicamente desposeídos.

Una detallada descripción había sido preparada para el nuevo director, al ser trasladado a las oficinas de la Conferencia Católica de California de Sacramento. La Región XI Conferencia de los Hispano-Parlantes (RECOSS) había sido creada como el instrumento de coordinación de los obispos para el apostolado hispano. La División de Asuntos Hispanos que iba a ser dirigida por el Padre Gallegos, fue encargada de proveer información estadística fidedigna, así como de rendir informes sobre los programas, los recursos, el personal, y la programación pastoral y de educación para la Región XI. Había además una lista de proyectos inconclusos, tales como la creación de medios de comunicación para los de habla hispana, material catequístico y programas de formación para los laicos. El director debía mantener además la conexión con el secretariado nacional para los hispanoparlantes de la *U.S. Conference of Catholic Bishops* [Conferencia de los Obispos Católicos de los Estados Unidos o la USCCB, antes llamada la Conferencia Nacional de Obispos Católicos], las oficinas locales para el ministerio hispano, así como ejercer la consejería en asuntos legislativos bajo la consideración del gobierno del estado en lo concerniente a las necesidades de las personas de habla hispana. Tal era la red de obligaciones y oportunidades que esperaban al visionario miope, al emprender su viaje desde Glendale hacia el norte de California rumbo a sus nuevas funciones. Así escribía en su diario personal, que parece había comenzado a redactar con ocasión de la separación de su familia religiosa por primera vez desde que ingresó al monasterio de San Agustín en Kansas City, en el verano del año 1950:

> "Abandoné la parroquia de Cristo Rey para asumir mis obligaciones como Director de la División de Asuntos Hispanos con la Conferencia Católica de California. Este nuevo oficio me hace responsable ante 21 obispos y 11 diócesis. Dando gracias a Dios por permitirme formar parte de la parroquia de Cristo Rey (y) de la parroquia de San Miguel, salgo en coche para San Francisco para atender a mi primera reunión oficial con los obispos de la región XI."[3]

El diario de un fraile

Ha sido una antigua tradición entre las comunidades religiosas de carácter monástico el llevar una historia de la casa o crónica de sucesos o "cosas notables". A su salida de Los Ángeles, para adentrarse en un nuevo mundo de trabajo pastoral a una mayor escala dentro del marco de oficinas, comités y una muy amplia proyección, el Padre Alfonso conservó la tradición de llevar un diario de la casa. Diariamente, durante los siguientes tres años, mantuvo un diario escrito a mano el cual, conforme a la tradición de la comunidad, sometería ocasionalmente a su superior religioso, el padre provincial, para su inspección y aprobación. A pesar de experimentar ahora el estilo de vida más independiente como es el del clero diocesano, el Padre Al mantuvo fuertes lazos con la comunidad a la que estaba profundamente unido en virtud de su consagración religiosa y sentimientos fraternos.

El 1 de octubre comenzó su diario recuento de los sucesos, en el que revela estar dispuesto a asumir sus nuevos deberes con energía y con ese particular aire de confianza y tenacidad que había cultivado en su larga batalla con el serio impedimento de su pobre visión. Desde muy temprano en su vida, Alfonso había tomado la decisión de no permitir el ser destinado o juzgado a base de su impedimento, sino que quería ser considerado como un sacerdote más y un religioso disponible para asumir tareas donde fuera necesario. Ahora trabajaba a tiempo completo al servicio de los obispos, sacerdotes, religiosos y los laicos de California en el vasto y complicado reto de ayudar a una institución —la Iglesia Católica de California— a afrontar el polifacético fenómeno de la presencia hispana.

Los contenidos del diario revelan una rápida iniciación y un alto nivel de inserción en el proceso de planeamiento pastoral en pro del apostolado a la población hispana del estado de California. Se refiere al trabajo de coordinación con otras agencias de las 11 diócesis del Estado Dorado, así como a la constante comunicación con las oficinas de la USCCB [Conferencia de los Obispos Católicos de los Estados Unidos], en lo referente a las necesidades de los hispanos y a los recursos disponibles para hacer frente a dichas necesidades. Otro nivel de comunicaciones sería el compartir información y recursos con los vecinos obispos de México.

Después de una ronda de presentaciones con el personal de
la Oficina de la Conferencia Católica, escribe: "comencé mi trabajo como Director de la División de Asuntos Hispanos."[4] Lo que
sigue es el informe detallado de un exigente programa de
reuniones y viajes que lo llevarán a involucrarse en una amplia
variedad de organizaciones diocesanas, tanto las ya establecidas
como las que estaban en pleno proceso de surgimiento. Los objetivos de estas entidades alfabetizadas eran las preocupantes áreas
de las rápidamente crecientes y necesitadas poblaciones hispanas de California. El contacto personal con los responsables de
la organización en lo concerniente al plan pastoral a lo ancho
del estado, era la tarea del nuevo Director de la Oficina de
Asuntos Hispanos. Pese a que el Padre Alfonso echaba de menos
la pastoral diaria de la vida de la parroquia, se entregó por entero
a la nueva tarea con el mismo espíritu afable que había sido el
sello que lo caracterizara como párroco.

Este nuevo compromiso con las estructuras administrati-
vas de la Conferencia de los Obispos no logró separarlo totalmente de la escena pastoral local. El 3 de octubre de 1979 trasladó
provisoriamente su residencia a la parroquia del Holy Spirit, de
donde el 13 de octubre pasó a la parroquia de St. Rose, localizada
en Franklin Boulevard y 38 Street en Sacramento. Allí prestó
sus servicios como asociado del legendario Msgr. Edward J.
Kavanagh, durante largo tiempo párroco de esta gran parroquia
de la ciudad capital. A pesar de que su actividad pastoral a nivel
local sería necesariamente limitada, constituiría una continuación de las prácticas que con tanto éxito había empleado en
Watts como capellán nocturno de los *low-riders* los viernes y los
sábados por la noche.

El Padre Gallegos lo lleva a la calle

Primero en la lista de prioridades pastorales de la Conferencia de Obispos era la situación en la que se hallaban los

inmigrantes indocumentados, tan a menudo sometidos a la explotación económica y tan frecuentemente privados de las mínimas condiciones para llevar una vida decente y humana. Una de las primeras tareas asignadas al Padre Alfonso fue la de servir como secretario ejecutivo de un comité especial de obispos americanos y mexicanos, formado con el fin de dar respuesta al problema de los indocumentados. Su afán de llegar a estos últimos no era simplemente una preocupación teórica, sino una dura realidad que él decidió enfrentar por medio del contacto directo. Con el recién instalado Ordinario de Sacramento, el Obispo Francis Quinn (18 de febrero de 1980), anteriormente Obispo Auxiliar de la Arquidiócesis de San Francisco, se comprometió a realizar una serie de visitas pastorales a varias de las grandes comunidades de granjeros o campos de trabajadores inmigrantes y sus familias, con el fin de conocer las necesidades y la situación de los trabajadores inmigrantes. Paralelamente a la información obtenida de primera mano en lo referente a estas frecuentes condiciones de vida infrahumanas, hubo un vigoroso esfuerzo por parte del nuevo Director de los Asuntos Hispanos para planear una estrategia común en el cuidado pastoral de los inmigrantes, coordinando los acercamientos de los obispos tanto de California como de México. El Padre Gallegos resaltaba que la largamente esperada discusión finalmente tuvo lugar y "se centró en las preocupaciones pastorales que afectaban a cientos de miles de inmigrantes católicos a ambos lados de la frontera."[5] Después de lo que él llamó la "gran experiencia" de celebrar la Eucaristía con los trabajadores de las granjas y sus familias en Dixon, California, se reunió con el Gobernador de California para promover la causa de los inmigrantes.[6]

Pero el problema del trabajador inmigrante o *bracero* era mucho más complicado que un simple asunto de estado civil. Para el Padre Gallegos era una cuestión de salvaguardar la fe religiosa y la herencia de los hispanos, desarraigados del entorno familiar, de la formación católica y de la cultura a la que estaban acostumbrados. La evangelización fue entonces un área principal de preocupación que urgía a Alfonso a insistir sobre la necesidad de crear una apropiada y viable red de medios de comunicación, tales como una radio y televisión hispanas, con el propósito de llegar a tan dispersa población. De hecho, la primera comunicación suya a la Comisión de la Región XI para las personas de habla hispana, el 28 de enero de 1980, fue titulada, *Los aspectos espirituales del ministerio para los hispano-parlantes.*

Un primer grupo en el punto de mira para la evangelización, en la línea de prioridades del Padre Gallegos, eran los jóvenes. Las anotaciones en su diario incluyen fechas guardadas para retiros vocacionales y reuniones de catequistas. Recuerda en su diario (30 de julio de 1981) que "me reuní con el alcalde de Sacramento y el Obispo Francis Quinn para discutir sobre la necesidad de trabajar con los jóvenes; hemos compartido ideas", agrega, "y parece que ambos estaban complacidos por mi trabajo con los *low-riders.*" Monseñor Kavanagh, párroco de la parroquia de Santa Rosa, recuerda que este sacerdote que residía en la parroquia, el Padre Al, solía asistir los viernes y sábados por la noche a las reuniones callejeras de los jóvenes latinos en las esquinas a lo largo de Franklin Boulevard. El Padre Al vio algo valioso en el cuidado y creatividad artística con que los *low-riders* embellecían sus destartalados automóviles: como punto de encuentro y ocasión para una bendición. Un periodista local describe el fenómeno de las visitas nocturnas de aquel sacerdote a los *low-riders* de la siguiente manera: "el Padre Gallegos está llevando el mensaje a las calles."[7]

Una misteriosa llamada telefónica

Debido a su condición de portavoz de los hispanos de California, el Padre Gallegos estaba en contacto con varias comisiones católicas nacionales involucradas en el manejo de asuntos de interés para este sector de la población. Algunos de estos contactos eran también de carácter internacional. Es por eso que el Padre Gallegos fue invitado por Pablo Sedillo, del Secretariado de Asuntos Hispanos de la entonces Conferencia Nacional de Obispos Católicos [ahora la USCCB], a asistir a una reunión sobre "La Iglesia y el empleo" patrocinada por grupos de trabajadores católicos de Caracas, Venezuela. El tema de su conferencia había de ser "El trabajo en el oeste y suroeste de los Estados Unidos de América".[8] Como era su costumbre en sus viajes dentro de Estados Unidos o en el extranjero, solía visitar las comunidades y los ministerios de los Agustinos Recoletos de la localidad, si es que los había en la región. Así sucedió que cuando visitó "nuestra iglesia de Nuestra Señora de Guadalupe" en Caracas, le comunicaron los frailes que el Obispo de Sacramento había llamado usando el nombre en código de "Howard".[9] Algo flotaba en el aire, pero aparentemente una llamada al número que habían dejado resultó ser un número equivocado, y una segunda llamada a las oficinas de la Conferencia Católica de California no proporcionó ninguna información con respecto a la misteriosa llamada telefónica. Después de visitar y celebrar la Eucaristía con varias comunidades agustinas recoletas de Caracas, Alfonso regresó a Sacramento en un viaje más bien largo de 22 horas entre vuelos y trasbordos.

Según anotación hecha en su diario, el 26 de agosto el Obispo Quinn llamó a la rectoría de Santa Rosa y pidió que el Padre Gallegos se encontrara con él en la esquina de las calles 11 y I para preparar un encuentro con el alcalde, para tratar el tema de los jóvenes de la ciudad. Pero lo que sucedió lo reflejan mejor las propias palabras del futuro Obispo Auxiliar de Sacramento.

"Me reuní con el Obispo a las 5:15 p.m. e inmediatamente me dijo que Su Santidad Juan Pablo II me había nominado para el Episcopado. Yo me sentí pasmado y humillado. Hablamos por espacio de 30 minutos; yo pregunté al Obispo si él francamente me quería como su Obispo Auxiliar. Me contestó que estaría encantado si yo aceptara. Entonces le pregunté si me permitía poner en oración tan serio nombramiento. Accedió a dejarme pasar la noche en oración y me pidió que le llamara a las 8:30 de la mañana siguiente. Pasé pues la noche en oración pidiéndole al Espíritu Santo que me iluminara a fin de tomar la decisión correcta y hacer la voluntad de Dios. Le pedí también a la Santísima Virgen que me ayudara a ser humilde y abierto a la voluntad de su Hijo. Me sentí asustado y humillado. Mi nombramiento como Obispo Auxiliar de Sacramento, California, y Obispo Titular de Sasabe, me tomó completamente de sorpresa."

El día siguiente, "a las 8.30 a.m. llamé al Obispo Francis Quinn para darle mi respuesta. Acogí entonces el consejo que me daba: 'el Santo Padre te ha elegido.' Yo nunca sentí la presencia del Espíritu Santo como aquel día. En virtud de santa obediencia al Santo Padre y fortalecido por el Espíritu Santo, acepté convertirme en Obispo Auxiliar de Sacramento y Obispo Titular de Sasabe. Una vez que respondí a la voluntad de Dios, la calma se apoderó de mí. Fui entonces a celebrar la Eucaristía en acción de gracias y ofrecimiento personal a Dios y a su Iglesia. El Obispo Quinn me dijo que había que guardar el secreto pontificio hasta que el anuncio fuera hecho por el Delegado Apostólico en Washington, D.C."[10]

Obispo hispano para Sacramento

El silencio requerido por la Santa Sede con respecto a la publicación de la noticia de la elevación del Padre Gallegos al episcopado se rompió el 1 de septiembre de 1981. Alfonso anotó en su diario que "el teléfono sonó a las 6:30 a.m. Era el Obispo Francis Quinn quien llamaba para felicitarme e informarme que mi nominación como Obispo ya era publica."[11] Un torrente de llamadas telefónicas inundó la rectoría de la parroquia de Santa Rosa, cuando personas de toda la nación llamaban a felicitar al nuevo prelado, el primer obispo hispano de la Diócesis de Sacramento desde 1861. Acompañado por su ordinario, el Obispo

Quinn, el Obispo electo Gallegos entregó un comunicado a la prensa, para referirse a su nueva condición. Expresando gratitud a Su Santidad Juan Pablo II y al Obispo Quinn, rápidamente manifestó su aprecio por el cariñoso apoyo de los sacerdotes, religiosos y laicos de la diócesis, así como de su familia y de la comunidad agustino-recoleta. Reconoció que "el honor que me ha sido conferido es en realidad un honor conferido a la comunidad hispana."[12] Consecuente con sus prácticas pastorales como sacerdote del barrio, pidió la ayuda especial de los jóvenes de la diócesis y expresó el deseo de ser "un obispo de los jóvenes y para los jóvenes".[13] Citando el lema central de la *Regla de San Agustín,* concluyó con un saludo a su herencia agustino-recoleta: "Ante todo, amemos a Dios y al prójimo porque éste es el precepto principal que hemos recibido de Dios mismo."[14] El "love one another" (amaos los unos a los otros) de inspiración agustiniana quedaría inscrito en el simbólico cinturón en la base de su escudo episcopal.

La elección de un escudo de armas, antigua tradición entre aquellos clérigos elevados al rango de obispo en la Iglesia Católica, sería solo una de las muchas actividades mencionadas en el diario del obispo electo durante los meses previos a la fecha señalada para su ordenación al episcopado, el 4 de noviembre de 1981, fiesta de San Carlos Borromeo. Continuaba por entonces como Director de la Oficina de Asuntos Hispanos de la Conferencia Católica de California. Indudablemente, reflexionó sobre su futuro rol y por ello expresó sus prioridades en el escudo que fue diseñado con la ayuda de artistas de la heráldica y de sus compañeros de equipo. En el fondo de un escudo blanco se podían visualizar las nieves de las montañas de la Sierra, parte del vasto panorama de la Diócesis de Sacramento, un árbol de ortiga con tres ramas, símbolo tomado del antiguo escudo de armas de la familia Gallegos, y siete hojas naciendo del árbol para representar los siete sacramentos. Estaba presente también una especie de escuadra de carpintero en honor de San José, patrono de la familia, y una rosa de oro que recordaba a Nuestra Señora de Guadalupe. No podían faltar dos alas aztecas, reminiscencia de San Miguel, patrono de la iglesia de Watts. Todo esto venía a descansar sobre el "amaos los unos a los otros" de la *Regla de San Agustín*.

En el día de su ordenación episcopal, el Obispo Francis Quinn, principal consagrante y celebrante, estaba acompañado por los otros consagrantes, el Arzobispo John R. Quinn, de la Arquidiócesis de San Francisco, y el Arzobispo Robert F. Sánchez, de la Arquidiócesis de Santa Fe, Nueva México, así como por 24 obispos y una gran representación del clero, religiosos y laicos. Fue evidente el espíritu festivo durante la celebración que duró todo el día y en la que se puso de manifiesto la multicolor etnia de la capital de California. Pero el verdadero trabajo durante los siguientes diez años comprendidos entre los gozosos sucesos del 4 de noviembre de 1981 hasta el trágico accidente acaecido el 6 de octubre de 1991, sería realizado con espíritu de entrega de sí mismo a Dios y al prójimo en el quehacer de cada día, tal como había prometido el día de sus primeros votos como religioso agustino recoleto el 3 de septiembre de 1951.

La familia de Alfonso Gallegos (desde arriba, izquierda a derecha): Soledad JoJola (abuela), Jacob Gallegos (abuelo), Silvester Gallegos (tío abuelo), Procoio Gallegos (tío abuelo), Juan José Gallegos (tío abuelo), Refina De Silva (bisabuela), Isabel Gallegos-JoJola (tía abuela), Theo JoJola (bisabuelo), Jim Gallegos (tío), Ben Gallegos (tío), Sara JoJola (tía).

Alfonso Gallegos el día de su graduación de bachillerato en 1950.

Alfonso Gallegos se interesó por la música a lo largo de su vida (aquí retratado como joven seminarista en Kansas City).

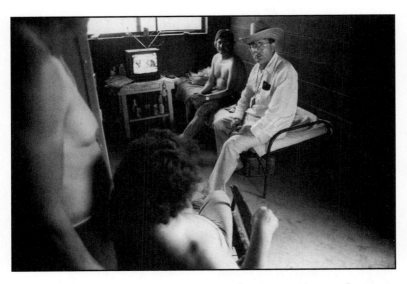

Alfonso Gallegos conversa con granjeros, a los que visitaba con frecuencia durante su ministerio en California.

Obispo Alfonso Gallegos da la bienvenida a César Chávez, fundador del Sindicato de Granjeros.

Como obispo, Alfonso Gallegos llegó a todos los miembros de la comunidad; trató por igual a católicos y no católicos. Aquí, orando durante un acto cívico en Sacramento.

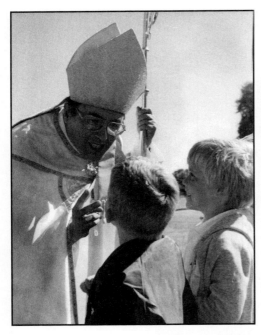

El amor proverbial del Obispo Gallegos por los niños fue siempre una parte importante de su ministerio.

Obispo Gallegos conversa con el Papa Juan Pablo II en la Plaza de San Pedro durante una visita a Roma.

CAPÍTULO 6

El *gozo de ser católico*

La Diócesis de Sacramento, un reto pastoral

¿Qué esperaba al joven Obispo de apenas 50 años de edad en 1981? Mucho se ha hablado en torno al hecho que el Obispo Gallegos ha sido el primer obispo hispano en servir a la Iglesia de Sacramento desde 1861, último año de la administración de Monseñor José Sadoc Alemany, Arzobispo de San Francisco, cuya jurisdicción territorial incluía también la aún sin erigir Diócesis de Sacramento. Es cierto que en el siglo y medio que los separaba habían tenido lugar vastos cambios tanto sociales como demográficos. Hoy la Diócesis de Sacramento cubre unas 43.000 millas cuadradas de terreno y sirve a más de medio millón de católicos de una población total de 3.169.750 habitantes. Los 20 distritos que forman parte de esta estructura se extienden desde la región urbana del sur de la ciudad de Sacramento y sus alrededores, hasta las áreas forestales y labrantías del norte, bordeando los estados de Oregón y Nevada. Hay muchos grupos étnicos en la región, lo que refleja la realidad multicultural del estado de California.

Después del traspaso de California de la soberanía mexicana a la americana, la Iglesia de las legendarias misiones fue objeto de reorganización eclesiástica mediante la cual, en las décadas subsiguientes, nuevas diócesis vinieron a la existencia y un considerable número de sacerdotes irlandeses y americano-irlandeses comenzaron a servir a la rápidamente creciente población católica, incrementada por la gran migración europea a los Estados Unidos. Los acuerdos de cooperación entre las diócesis locales y los seminarios católicos de Irlanda posibilitaron la presencia de una mayor cantidad de sacerdotes que se dedicaron vigorosamente a la fundación de parroquias y escuelas. La nativa población hispana, sobreviviente de la vieja época colonial hispano-mexicana, pasó a un segundo plano. Hubo, no obstante, una nueva presencia hispana que creció rápidamente durante el siglo XX. La designación de Monseñor Gallegos como Obispo Auxiliar de Sacramento significaba un reconocimiento del nuevo crecimiento demográfico y una respuesta a la necesidad del liderazgo eclesiástico dentro de esta aceleradamente creciente minoría. El nuevo obispo tuvo cuidado de clarificar a la prensa tanto su especial conexión con la población hispana como su deseo de servir a todo el pueblo de la diócesis sin distinción alguna. "Veo en los hispanos un ministerio especial puesto que soy hispano. Esto no significa que no vaya a ser pastor de todas las personas de la diócesis."[1] El sacerdote de Watts y religioso agustino recoleto no era del todo extraño para el clero de Sacramento, ya que había trabajado durante más de dos años en las oficinas de la Conferencia Católica de California, pero ahora estaría comprometido con las diarias tareas de su Ordinario, el Obispo Quinn, y de los sacerdotes y fieles de la enorme diócesis.

Persona a persona, familia a familia

Como obispo de ascendencia hispana, el nuevo auxiliar compartía la suprema preocupación por una minoría de la población unida lingüísticamente por el uso común de la lengua española, así como por una común herencia religiosa, aunque muy diversa en términos de integración en la sociedad americana. Estaban aquéllos que tenían lazos históricos con la antigua y aún vigente presencia hispana en el gran suroeste de los Estados Unidos.[2] Estaban además aquellos otros que, mediante una educación académica, se habían insertado en el contexto cultural de la clase media americana. Sin embargo, el rasgo más significativo del patrón migratorio durante la segunda mitad del siglo XX lo constituía el desplazamiento masivo hacia el norte de trabajadores de habla hispana, granjeros y jóvenes procedentes de diversas naciones latinoamericanas, en busca de un mejor estándar de vida, a fin de poder ayudar a sus familias que habían quedado atrás en sus países de origen. Su pobreza y la falta de un estatus civil los hacía vulnerables a la explotación. La preocupación por los inmigrantes había salido a la superficie en varios llamamientos pastorales por parte de la jerarquía eclesiástica americana y en la misma elevación de clérigos hispanos al episcopado para compartir el esfuerzo de ayudar a la población inmigrante. Los nuevos obispos hicieron oír su voz sobre la apremiante necesidad de un programa de cuidado pastoral y evangelización adaptado a los hispanos.

Un excelente ejemplo de este estar al tanto de las necesidades más apremiantes, lo encontramos en la *Carta de los Obispos Hispanos de California a la población hispana de la misma,* de la cual fueron autores seis obispos hispanos del estado californiano, incluyendo al Obispo Gallegos de Sacramento.[3] Mediante esta carta se intentó complementar varios documentos previos emitidos por la USCCB [Conferencia de los Obispos Católicos de los Estados Unidos], referentes al fenómeno de la migración hispana y a su presencia en los Estados Unidos.[4] El título del documento, *El gozo de ser católico,* demuestra un acercamiento pastoral que se ciñe muy de cerca al estilo evangélico que ya empleaba el Obispo Gallegos durante sus años de liderazgo eclesial en Sacramento.

Los Obispos de California reiteraban el tema central del mensaje de la jerarquía americana en su análisis de la "presencia hispana" como una bendición para la Iglesia y la nación, un tiempo de gracia que no había que desperdiciar con actitudes de discriminación o prejuicios. En el cuerpo del texto de *El gozo de ser católico*, los obispos buscaban llevar el mensaje de esperanza y afecto a la gente de todas las parroquias, refiriéndose directamente a los temores y situaciones de inestabilidad social y legal en que se hallaban sumidos los inmigrantes. Es por eso que usaban un lenguaje muy incisivo para recordar a sus hermanos y hermanas los peligros de perder sus convicciones religiosas y su identidad cultural debido a la proliferación de sectas no católicas dedicadas al proselitismo entre los recién llegados inmigrantes. En la mencionada *Carta* aclaraban a sus lectores la diferencia entre el verdadero ecumenismo, una actitud necesaria en una sociedad pluralista como la de los Estados Unidos, y un cierto fundamentalismo agresivo que pretende aprovecharse del desarraigo cultural en el que se encuentra frecuentemente el inmigrante.

El documento, escrito en los últimos años de la actividad pastoral del Obispo Gallegos en Sacramento, refleja en retrospección las prioridades que habían regido sus acciones como obispo. Contrapone las peticiones de los fundamentalistas como divisorias e irrespetuosas hacia la familia y los lazos culturales, y alienta la fidelidad a las costumbres que constituyen la herencia cultural religiosa católica, rica en celebraciones y en experiencias de vida familiar y comunitaria. Las razones para la "alegría", según se las describe en *El gozo de ser católico*, son los sacramentos y la vida sacramental de la Iglesia, las tradiciones de fe y de culto, de manera especial la devoción a María, la Madre de Jesús, particularmente bajo la advocación de Nuestra Señora de Guadalupe.

Un ministerio de la alegría

A partir de la fecha de su ordenación episcopal, el Obispo Gallegos fue nombrado Vicario General de la Diócesis de

Sacramento. A comienzos de 1982 informó al Provincial de los Agustinos Recoletos que ya había sido nombrado un sucesor para el puesto de Director de Asuntos Hispanos de la Conferencia Católica de California y que él se había trasladado a su nueva oficina en la Cancillería en la 1119 calle K. En la misma carta comenta con entusiasmo que a partir de ese momento podrá dedicarse "a las necesidades de la Diócesis de Sacramento", las cuales comenzaron para el Obispo con "la ronda de confirmación que encuentro muy animadora, ya que me da la oportunidad de conocer a los fieles de la diócesis así como a los sacerdotes, y religiosos."[5] A pesar de que las condiciones de sus ojos seguían deteriorándose, a tal punto que "era incapaz de ver o leer documentos a no ser que estuvieran escritos en letras muy grandes...para todos los asuntos prácticos él ignoraba o trataba de ignorar su enfermedad visual, y durante los siete años en los que le serví como secretaria particular nunca lo mencionó o se refirió a ello."[6]

Aunque formaba parte del equipo administrativo de la diócesis, es claro que prefería involucrarse directamente en la pastoral con las gentes de la diócesis. "Su acercamiento pastoral era de persona a persona. Mostraba especial preocupación por los jóvenes y su educación, estableció becas y daba ayuda monetaria a los estudiantes necesitados. Estaba siempre disponible para visitar a los ancianos y los enfermos y mostraba especial preocupación por ellos, así como por los grupos minoritarios. Pero nunca excluyó a nadie."[7]

Después de su nombramiento como párroco de la iglesia de Nuestra Señora de Guadalupe en la ciudad de Sacramento, el 27 de junio de 1983, fundó un centro para servir a la comunidad, en su mayoría mexicana, residente en la capital y sus alrededores. La iglesia había sido dedicada a Nuestra Señora de Guadalupe el 16 de abril de 1945, y después de la construcción del nuevo edificio que reemplazó al antiguo, en 1969 fue convertida en parroquia "nacional" para las personas de habla hispana por el Obispo

Alden Bell, a la sazón Ordinario de Sacramento.[8] Se había convertido en la parroquia más grande de la diócesis con una asistencia a la Eucaristía dominical de casi 3.000 personas.

Un interesante *Informe sobre el problema de la Iglesia y la población de habla hispana en la Diócesis de Sacramento* (febrero 1963) estaba sin duda a disposición del nuevo párroco cuando se disponía a asumir su papel de pastorear tan enorme congregación, la cual se hallaba en una etapa de constante crecimiento. El *Informe*, preparado en 1963 por "algunos sacerdotes de la Diócesis de Sacramento, trataba del trabajo con los hispano-parlantes de la diócesis." Se hizo el estudio bajo la guía del Padre Keith Kenny, administrador de Nuestra Señora de Guadalupe en aquellos días, y enumera una serie de obstáculos para la evangelización de los hispanos de la diócesis.[9] Un problema clave anotado por los autores lo constituía el encuentro entre una comunidad eclesial ya establecida y una nueva población de inmigrantes que desconocía el idioma inglés, lo que tenía como consecuencia diferencias de tipo lingüístico y cultural. El núcleo del problema, según comentaba el *Informe*, lo constituía la falta de sacerdotes de habla hispana para atender a las necesidades de dicha población. Por supuesto, el idioma es más que una lengua; abarca una actitud cultural, así como toda una gama de expresiones que colorean los modos habituales en la vida social y religiosa entre varios grupos lingüísticos.

Un documento similar emitido el 11 de marzo de 1965 y dirigido al Obispo Bell, cuyo autor era el Reverendo Kenny, resume las condiciones de aproximadamente 35.000 mexicanos que viven en el área metropolitana de Sacramento como "culturalmente desposeídos, económicamente desposeídos y religiosamente desposeídos."[10] Entre las acertadas recomendaciones contenidas en la *Propuesta Pastoral* estaba el marcado énfasis puesto en la estrategia de evangelización, la cual debía centrarse en la familia. La familia es identificada en las conclusiones de este documento como "el factor más convincente, la relación más importante y la única sociedad en la que ellos (los mexicanos) se sienten seguros."[11]

No sorprende que el nuevo párroco de Nuestra Señora de Guadalupe llevara a la práctica un programa de visita a los hogares. Llevar la fe a las familias de la localidad era una práctica que el había iniciado ya desde los primeros años de su sacerdocio. Gerald y Reseanne Lalumiere recuerdan con cariño las visitas del joven y miope Padre Gallegos, quien después de la Misa dominical en la iglesia Holy Rosary en Greenwood Lake, New York, que no distaba mucho del monasterio de Tagaste, "simplemente llegaba y compartía el almuerzo familiar, a nuestros ocho hijos les gustaba mucho como él se colocaba sencillamente en el medio, como si fuera uno de ellos."[12] Sus frecuentes y espontáneas visitas a las familias eran algo común durante sus años en San Miguel. Uno de sus chóferes voluntarios de aquel período recuerda que "él tenía un gran carisma para hacerse 'presente' a la gente, y no excluía a nadie del encuentro con él por su sola historia pasada, apariencia, reputación o posición social."[13] Patricia Villavazo de La Palma, California, fue testigo del cuidado practicado por el párroco de San Miguel, del que nunca excluía a nadie, cuando un domingo por la tarde, vio al Padre Gallegos[14] levantar de la calle a un hombre intoxicado y llevarlo a la rectoría donde cuidó de aquel infortunado hasta que estuvo en condiciones de marcharse por sus propios medios. Semejantes testimonios referentes al futuro Obispo Auxiliar de Sacramento son innumerables y no se limitan sólo a sus años de San Miguel y Cristo Rey.

Como obispo, Gallegos tenía tiempo para todos; la agenda sobre su escritorio estaba llena de pequeñas anotaciones referentes a visitas a los hogares, cumpleaños y con frecuencia la celebración de la Eucaristía en los hogares. Su estilo llamaría muy pronto la atención de los periodistas de Sacramento. Uno de ellos lo sintetizaba así en los titulares: "El Obispo hispano no espera a que los seguidores vengan a él."[15] Se había convertido en

noticia porque había lanzado una campaña con el fin de ayudar
a los inmigrantes a presentar sus aplicaciones para legalizar su
situación, hecho posible mediante la liberalización de las restric-
ciones de inmigración para los no-residentes; al mismo tiempo
recaudaba fondos para una niña peruana que necesitaba un
transplante de hígado. El periodista escribió que aunque
"Gallegos tiene un escritorio en la Cancillería, raras veces se
encuentra detrás de él." Se refería con ello al hecho que, más allá
de la parroquia de Nuestra Señora de Guadalupe, el Obispo
Gallegos viajaba extensamente por las 42.500 millas cuadradas
de la diócesis, especialmente para llegar a los campamentos y
barrios dispersos de los trabajadores inmigrantes. Como
respuesta al periodista, el Padre Al (como le gustaba que se le llamara) declaró que "me aseguro de hacerme presente en los ranchos y las granjas...para hacer sentir a la gente, con nuestra
presencia, que somos Iglesia."[16] Esto era, le dijo al periodista, algo
que el había visto de jovencito entre los sacerdotes de la parroquia de san Miguel, esto "ayuda a desarrollar relaciones de persona a persona con la gente."[17]

Pero el estilo de evangelización de persona a persona y de
familia a familia no excluía el cumplimiento de su rol público y
político. Más aún, en 1984 había sido nominado por el
Gobernador George Deukmejian para una de las comisiones de
consultores de la Junta de Consejo de California. Sin embargo, él
se veía a sí mismo más como un "dispensador de la Palabra y del
Sacramento" en la tradición de San Agustín. Tal era la práctica
que empleó en lo relativo a sus dos grupos prioritarios, los
jóvenes y los inmigrantes. Un típico ejemplo de su estilo de evan-
gelizar a los jóvenes está consignado en un relato de su retorno a
Cristo Rey en 1990, para dirigir una misión parroquial y un retiro
para los jóvenes. "El Obispo Gallegos arribó en las últimas horas
de la tarde para dirigir una serie de misiones. Todos los días
estaba disponible para conversaciones privadas, confesiones y
para hacer visitas a los hogares y los hospitales. Caminaba por

las calles y hablaba con tantos jóvenes como le era posible, invitándolos a la misión y a retornar a la comunión con Cristo. Dedicó el jueves 11 de octubre a todos los jóvenes, celebrando la Misa bilingüe, aunque predominantemente en inglés, con gran énfasis en la importancia de la comunicación en familia, el respeto a sí mismo, a los compañeros y a los padres, y en la imitación de Cristo. El jueves por la noche el Obispo Gallegos escuchó confesiones hasta la media noche."[18]

Los jóvenes son la Iglesia de hoy aunque no vayan a la Misa

En diciembre de 1990, la revista *Maryknoll* publicaba el segundo de los dos artículos sobre el hispano Obispo Auxiliar de Sacramento. El primero, publicado en fecha anterior a marzo de 1982, titulado *El Obispo de los jóvenes*, ensalzaba al prelado de "la cultura de los *low-riders*" por su acercamiento a los jóvenes a quienes Gallegos describía como "la Iglesia de hoy aunque ellos no asistan a la Iglesia."[19] Tal apertura a los "alejados de la Iglesia" surgía de su aceptación de la responsabilidad pastoral de llegar a los mismos en lugar de asumir una postura de distanciamiento de los grupos social y religiosamente marginados. El Obispo respondió con sencillez al conocido periodista hispano Moisés Sandoval, que "tenemos que demostrarles (a los jóvenes) que son parte de la Iglesia."[20]

El siguiente artículo, *Cerca de los campesinos*, redactado por el mismo escritor, explora el alcance del compromiso de Gallegos con la ampliamente dispersa población de trabajadores inmigrantes de la diócesis. El informe se refiere a los 25 campos de trabajadores desparramados a lo largo del extenso valle de San Joaquín, conocido como una de las principales fuentes de producción de alimentos para los consumidores americanos, así como por la exportación a los países de la ribera del Pacifico. El Obispo Gallegos comentó una vez a otro reportero que "la mejor manera en la que nosotros en los Estados Unidos podemos apreciar el trabajo de los indocumentados, el cual es principalmente de agricultura, es dar gracias a Dios por la comida que tenemos en la mesa —así como por la fruta y los vegetales— porque nosotros no queremos hacer esa clase de trabajos tan laboriosos."[21] Esta producción dependía del *bracero* o trabajador inmigrante que venía a los campos durante las épocas de la siembra o la cosecha, procedente de varios estados de México o del sur cerca de la frontera de los Estados Unidos con aquel país. Algunos llegaban con sus esposas e hijos, pero la mayoría había dejado sus familias en sus pueblos de origen.

Tan frecuentemente como le era posible, el Obispo Gallegos visitaba los campos acompañado por un equipo de religiosas y voluntarios laicos, quienes ayudaban en la preparación de los niños para recibir los sacramentos. De hecho, el Cardenal Roger Mahony, Arzobispo de Los Ángeles, le acreditaba el haber sido "la bujía que había puesto en marcha los movibles equipos de pastoral para bien de los granjeros a través de California, así como los programas de la radio hispana que llegaban hasta los trabajadores de las granjas de California y México."[22] El Obispo sacrificaba sus vacaciones para tener tiempo de permanecer si fuese posible durante una semana, para así conocer mejor las condiciones espirituales y materiales de los hombres y mujeres de estos campos. A veces, solo o acompañado por su auxiliar, el Obispo Quinn, celebraba también la Eucaristía en dichos campos. Debido a la falta de iglesias y capillas, la Misa se celebraba generalmente en un patio al aire libre con cantos y alegre participación. El Obispo Al, tal como era su costumbre, invitaba a los niños a colocarse alrededor del altar. Su sencillo mensaje era recordar a la congregación que a pesar de faltarles la estructura física de un edificio eclesial, ellos y su Obispo formaban verdaderamente la "Iglesia".

Gallegos resumió su posición entre los indocumentados y los inmigrantes en una declaración oficial emitida para su publicación. "Nosotros apoyamos fuertemente la asistencia para aquéllos que vienen a los Estados Unidos en busca de asilo desde países que se encuentran bajo represión política y dificultades económicas. Los recién llegados deben ser bienvenidos en lugar de ser manipulados y utilizados para fines políticos o razones de beneficio personal. La Iglesia debe responder ofreciendo a estas personas seguridad, alimentación, vestido, cuidado de la salud y asistencia espiritual. Nuestra preocupación no es apoyar ningún esfuerzo particular que asista a los refugiados o inmigrantes, sino ayudarles según es la tradición del ministerio cristiano. Y asimismo debemos ejercer con ellos nuestro ministerio en lo referente a sus necesidades tanto físicas como espirituales, sin tomar en cuenta su país de origen o sus preferencias políticas. Al hacerlo, debemos imitar la manera de actuar de Cristo, sin excluir a nadie."[23]

El énfasis que ponía en los sacramentos y en la devoción, especialmente a Nuestra Señora de Guadalupe, de ningún modo significaba un desconocimiento de las precarias e insalubres condiciones en las que generalmente vivía y trabajaba el inmigrante. El Obispo Gallegos había participado en la famosa marcha con Cesar Chávez, el valiente líder de la Unión de Trabajadores del Campo, y permaneció a su lado mientras ambos luchaban por obtener condiciones más justas para los trabajadores y mejor trato para los indocumentados. Como comentó el congresista Robert T. Matsui en el Registro del Congreso de los Estados Unidos, "El Obispo Gallegos era un poderoso defensor de los asuntos de los Hispanos. Marchaba en solidaridad con la Unión de Trabajadores del Campo, se oponía a los cortes en la educación bilingüe y trabajaba con las bandas en el interior de la ciudad, a lo largo y ancho del estado. Trabajaba incansablemente por conducir a la juventud hispana hacia la educación y alejarla de la drogadicción y el crimen."[24]

El Obispo se servía de su oficio como Vicario de las Minorías Étnicas para dar a conocer no solo las necesidades de los hispanos, sino también para respaldar a los afro-americanos, los nativos norteamericanos, los coreanos y otros grupos étnicos necesitados de ser escuchados y reconocidos en el ámbito de la Iglesia de Sacramento. Disfrutaba mucho celebrando múltiples fiestas de cumpleaños con los diferentes grupos étnicos. No se olvidaba en esta agenda a los reclusos de la prisión de Folson, quienes recibían sus visitas dos veces al año. Pasaba un día entero con ellos, desde las 9:00 a.m. hasta las 10:00 p.m. impartiéndoles una "misión".

Especialmente por los no nacidos y los indeseados

Al informar sobre la trágica muerte del Obispo Alfonso acaecida el domingo 6 de octubre de 1991, Michael Wood escribía en el periódico diocesano de Sacramento que esa misma tarde "el Obispo Gallegos, quien estaba fuertemente dedicado a la causa pro-vida, participó en la *Capital Life Chain* [Cadena Pro-Vida de la Capital], una pacífica demostración en contra del aborto en la que las personas se alineaban durante una hora a lo largo de Sunrise Boulevard y Greenback Lane en el área de Citrus Heights, cada uno portando letreros que decían 'El aborto mata los niños', o un letrero como el que portaba el Obispo Gallegos, 'Jesus Forgives and Heals' [Jesús perdona y sana]."[25] El letrero que sostenía el Obispo expresa acertadamente su actitud hacia los participantes en la demostración pro-aborto, en el lado opuesto de la calle. Él había contado alguna vez la historia de haber cruzado la calle con ocasión de una oposición en otras demostraciones, para hacerles ver que él también pedía por la conversión de los mal informados partidarios del aborto.[26] El mismo día de su muerte había visitado y consolado a un joven paciente que se estaba muriendo de SIDA.[27]

Su aprecio por el don de vida se extendía desde los no-nacidos a los crónicamente enfermos y los retardados. María

Navarro, quien más tarde jugaría un importante papel en la construcción de una estatua en honor del difunto Obispo, recuerda un entrañable momento en la vida de su familia, el que describe bien la sensibilidad de su pastor. "Yo tenía una hermana moderadamente retardada, ella y el Obispo Gallegos celebraban su cumpleaños el 20 de febrero. Una vez en que la comunidad de la iglesia de Santa Ana honró al Obispo Gallegos en su cumpleaños, él me pidió que cantara el Ave María después de la cena. Yo accedí gustosamente; cuando más tarde me lo agradeció yo le conté que mi hermana Chavela también celebraba su cumpleaños el 20 de febrero. Sin más comentarios, recogió el pequeño florero que tenía en frente sobre la mesa y lo llevó él mismo a Chavela a nuestra mesa, y al presentarle las flores le cantó una canción de cumpleaños en español, *Las mañanitas.*"[28]

Según informó el New York Times, consistente con su ética de la Cadena por la vida, el Obispo Gallegos había estado presente como obispo entre los participantes en la protesta que intentaba bloquear el embarco de armas atómicas a las bases submarinas "Trident", en la costa occidental del país,[29] ya que percibía con claridad la lógica mortal que vincula la práctica del aborto con las otras técnicas de destrucción propias de la "cultura de la muerte". Fueron numerosas las ocasiones en una capital de estado políticamente viva como Sacramento, en las que el Obispo fue llamado a pronunciar la invocación o bendición en un acto cívico o en una reunión. Él incluía inevitablemente en su oración una súplica por los no-nacidos. Por lo tanto, no ha de sorprender que poco después de su muerte se abriera la *Casa de Maternidad Alphonse Gallegos* para atención de las madres solteras. El Obispo Francis Quinn reconoció la íntima asociación entre la dedicación del recientemente fallecido Obispo Auxiliar y el propósito de dicha Casa. "Es justo," dijo él, "que esta casa de maternidad esté dedicada a la memoria del Obispo Gallegos por sus persistentes e incansables esfuerzos en favor de los no-nacidos."[30] Ese mismo mes de diciembre, después de su muerte, los partidarios de la vida organizaron una procesión de los Santos Inocentes desfilando con velas en su honor.[31]

Plan Pastoral Diocesano para el Ministerio Hispano

A menudo, lo que se siembra se va gestando lentamente hasta llegar a la floración. El anterior *Informe sobre el problema de la Iglesia y la población hispana en la Diócesis de Sacramento* y la *Propuesta Pastoral Núm. 1* apuntaba conscientemente a la situación socio-cultural de los hispano-parlantes, basándose en los descubrimientos del eminente sacerdote y sociólogo belga Canon Houtart, de la Universidad de Louvain, quien había deducido, con referencia a la asimilación del inmigrante dentro de la Iglesia Católica americana, que había una relación entre la disponibilidad de "clero de habla nativa" y los programas adaptados a esta minoría, y la fidelidad del inmigrante a su religión tradicional.[32] Donde no existía tal ambiente parroquial de sensibilidad multicultural y amistad, el extranjero recién llegado podría fácilmente perderse en las sectas fundamentalistas proselitistas. En su carta colectiva de 1988, *El gozo de ser católico,* los seis obispos hispanos de California afrontaron solidariamente este fenómeno de la pérdida de fe religiosa y de adhesión a las tradiciones católicas. La necesidad de responder al reto que representaba la presencia hispana se iba haciendo más urgente con el paso de cada nueva generación.

Las estadísticas consignadas en el *Informe* anterior y la *Propuesta Pastoral* habían cambiado enormemente cuando el Obispo Alfonso se convirtió en Vicario Episcopal para los hispanos y otros ministerios étnicos. Hacia 1990 había 22.4 millones de hispanos en los Estados Unidos, y en la Diócesis de Sacramento los hispanos constituían cerca del 50 por ciento de la población católica, en contraposición con algo más del 25 por ciento según el censo de 1960. Los hispanos habían adquirido además una voz más activa en la arena tanto política como social, como resultado no solamente del aumento numérico, sino también como consecuencia del Movimiento Chicano de los años sesenta.

Una de las instituciones que se vio beneficiada con la designación del Obispo Gallegos a la iglesia de Nuestra Señora de Guadalupe como párroco, fue el Centro Guadalupe, un edificio situado a otro lado de la callejuela que lo separaba de la iglesia. El centro servía para acoger y atender a las necesidades materiales y espirituales de la población, sobre todo mexicana y americano-mexicana, de la ciudad de Sacramento. Además, la mencionada institución patrocinaba una variedad de programas de formación e información a sus clientes. Como consecuencia directa de los esfuerzos del párroco y del apoyo de los feligreses y de otros, la escuela de los Santos Ángeles, cercana a la parroquia y que había estado cerrada desde 1972, se transformó a mediados de los años ochenta en el Instituto Hispano de Instrucción. Estas experiencias parroquiales, junto con su acercamiento a los trabajadores inmigrantes, estaban basadas en la firme convicción del Obispo de que la relación del pastor con la gente a la que sirve es de reciprocidad en la gracia y mutuamente enriquecedora para ambas partes, al compartir la fe y la sabiduría de los Evangelios.

Sirviéndose de la particular experiencia de vida parroquial y siempre con el paradigma de Watts muy vivo en la memoria, el Obispo Al inició la elaboración de un *Plan Pastoral Diocesano para el Ministerio Hispano / Diocesan Pastoral Plan for Hispanic Ministry.* Después de dos años de intensa colaboración entre una variedad de representantes, clérigos, religiosos y laicos, el *Plan* fue publicado en una edición bilingüe en abril de 1991, en la Diócesis de Sacramento, solo seis meses antes de la muerte del Obispo.

Desde la primera hasta la última de las 14 páginas con que cuenta el documento, es evidente que el trabajo fue un esfuerzo conjunto en el que muchas voces fueron escuchadas y muchas ideas fueron estudiadas y discutidas en un proceso de diálogo y oración. El tono está asentado ya desde el prefacio. "Desde el Vaticano II hemos sido invitados a compartir en comunión y corresponsabilidad. Todos los miembros del pueblo de Dios deben trabajar en comunión; la evangelización no sería creíble ni apropiada si apareciera como la acción de un individuo en lugar de reflejar la misión que toda la comunidad cristiana debe realizar."[33] El objetivo del plan se revela en el capítulo, "De la Visión a la Realización". Dicha "visión" es detallada en cuatro dimensiones específicas u objetivos generales: (1) Pastoral de Conjunto —de la fragmentación a la coordinación; (2) Evangelización —de ser un lugar a ser un hogar; (3) Misionera —de los bancos a la acción; (4) Formación —de la buena voluntad a la capacitación, la destreza y la habilidad.[34] Cada una de estas dimensiones está sujeta a una más completa elaboración en el texto que sigue. No hay duda que el documento resalta alguno de los principales valores acentuados por el Obispo Gallegos en su manera de entender la Iglesia, y la teología pastoral. El liderazgo del Ordinario, en este caso, del Obispo Quinn y de su Auxiliar, queda confirmada en el marco de una teología de un ministerio de colaboración. Este principio está fundamentado en el documento que los Obispos de los Estados Unidos publicaron en diciembre de 1983 bajo el titulo de, *The Hispanic Presence: Challenge and Commitment [La Presencia Hispana: Reto y Compromiso]*. Un apoyo ideológico para la creación de un plan pastoral de acercamiento a los hispanos se halla también en las declaraciones del Tercer Encuentro Nacional Hispano celebrado en 1985.[35]

A lo largo del texto, dos temas orientadores animaron el trabajo de los grupos, los cuales manifestaban prioridades y metas para cada uno de los objetivos generales. Éstos eran el amor a la Santa Madre Iglesia y un "amoroso reconocimiento a quienes nos precedieron y preservaron la fe católica en la

Diócesis de Sacramento."[36] Se trata de dos temas que no podrían haber sido más familiares y apreciados por el Obispo Gallegos que éstos. No pudo evitar el recordar el entorno familiar de fe y tradición católica en el que se había criado. El Obispo Quinn felicitó al Obispo Gallegos y "a todos sus colaboradores que prepararon este Primer Congreso Hispano de la Diócesis", e imploró "la gracia de Dios sobre el *Plan Pastoral Hispano.*"[37] Una página especial había sido intercalada en el texto del *Plan,* precediendo a la carta del Obispo Quinn. Era una página titulada *In Memoriam 1931–1991* y puesta por encima de una fotografía del Muy Reverendo Alfonso Gallegos, Obispo Auxiliar de Sacramento. La muerte le llegó trágicamente al vigoroso Obispo hispano el 6 de octubre de 1991. Quizás el "plan" fue una especie de Último Testamento.

CAPÍTULO 7

Un *hombre afable, un sacerdote cariñoso, un obispo solícito*

Sucedió en las vísperas de la Fiesta del Santo Rosario

Que él nunca había presenciado un funeral como éste fue el comentario que hizo el Reverendo Edward Kavanagh, veterano pastor de la ciudad de Sacramento por más de 50 años, al preguntarle sus impresiones sobre el homenaje póstumo que se rindió al Obispo Alfonso Gallegos. Había sido en la parroquia de Santa Rosa donde el Padre Al había comenzado su actividad pastoral en Sacramento bajo la dirección de Kavanagh. El Obispo fue enterrado en la cripta de los obispos en el Cementerio Santa María después de la Misa exequial celebrada en presencia de más de 2000 fieles en la Catedral del Santísimo Sacramento, el día viernes 11 de octubre de 1991.

La noticia que el Obispo Auxiliar Gallegos había encontrado una muerte instantánea en un accidente de automóvil, a lo largo del oscuro corredor de la carretera 99 cerca de Yuba City, había llegado rápidamente a la ciudad la noche del domingo 6 de octubre. La noticia del trágico episodio llegó velozmente a la asombrada ciudad capital. Santiago Ruiz, uno de los chóferes voluntarios del Obispo, quien conducía el coche en el que él via-

Un hombre afable, un sacerdote cariñoso, un obispo solícito

jaba y único testigo de lo sucedido, fue entrevistado por la policía y por representantes de los medios de comunicación.[1] Los detalles de lo ocurrido cautivaron la atención del público durante la semana siguiente.

Como de costumbre, el domingo 6 de octubre de 1991 comenzó para el Obispo con una apretada agenda. Además de la liturgia en Nuestra Señora de Guadalupe había una lista de visitas pastorales por realizar de camino hacia Gridley, un pueblo a 75 millas al norte de Sacramento, así como una visita a la parroquia del Sagrado Corazón, donde debía confirmar a 70 jóvenes hispanos. La lista que llevaba más en la mente que en el papel era un ejemplo de sus múltiples preocupaciones por los demás. De camino hacia Gridley, se detuvo para unirse al grupo *Capital Life Chain* para orar y brindar su apoyo a la protesta pacífica de los partidarios pro-vida. Y después estaba también el joven que estaba muriendo de SIDA a quien quería hacer una visita. Casi como un respiro en medio de todo ese recorrido, debían pasar por la parroquia de San José para compartir un momento festivo con los miembros de la parroquia. Antes de entrar en la carretera hacia Gridley aún encontró tiempo para acompañar a un grupo de católicos coreanos que estaban explorando propiedades en busca de un terreno apropiado para construir una futura iglesia.

Finalmente llegaron a Gridley. Después de celebrar la liturgia de la Confirmación y de compartir la recepción que siguió a continuación, el Obispo Al y su chofer se pusieron en camino de regreso a Sacramento, a pesar de los ruegos del párroco para que se quedaran a pasar la noche por ser ya muy tarde. Pero teniendo en mente la apretada agenda que le esperaba para el lunes, el Obispo decidió regresar esa misma noche. Santiago Ruiz, el chofer, conducía a lo largo de la carretera 99 por la que tantas veces había viajado el Obispo de camino hacia los campos de los braceros. Iban por la ruta hacia el sur, en el Volkswagen Jetta 1984. El Obispo había tenido anteriormente problemas con el sistema eléctrico del viejo automóvil, pero no era de los que gastaba dinero en un coche del último modelo.

Según el testimonio del chofer, iban recitando el rosario cuando el coche se detuvo en la línea de tráfico de la carretera. El Obispo se bajó del coche a pesar de las protestas del chofer, para prestar ayuda empujando el vehículo hacia la orilla de la carretera. El Obispo estaba del lado de los pasajeros, cuando en un instante otro coche que viajaba en la misma dirección golpeó bruscamente por detrás al vehículo detenido y al Obispo, arrojándolo a éste a unos 50 o 60 pies, para caer entre los arbustos, en la margen derecha de la carretera. Su muerte fue instantánea. A su vez, Ruiz fue arrojado hacia la línea divisoria de la carretera, sufriendo heridas de menor importancia. Una investigación del accidente dejó clara la inocencia del chofer del vehículo que golpeó el coche del Obispo. El percance ocurrió a las 9:18 p.m.[2]

La ciudad quedó perpleja el lunes por la mañana, Fiesta de Nuestra Señora del Rosario, al despertar y encontrarse con la sombría noticia. El Obispo Quinn hablaba en nombre de todos al describir la muerte de su colega en el episcopado como una "hora triste" para la Diócesis y la Iglesia de California. Comenzaron entonces los preparativos para guardar un tiempo de duelo y dar el último adiós, con cristiana esperanza, a un hombre que había sido la fuente de tanta alegría y entusiasmo para el pueblo de Sacramento. En la mañana del 10 de octubre, antes de la celebración de la Eucaristía, a las 8:00 a.m., el cadáver del Obispo Gallegos fue escoltado hasta su amada iglesia de Nuestra Señora de Guadalupe, donde se celebró la vigilia que duró todo el día. "Uno a uno todos iban llegando a la iglesia para desfilar ante el féretro. Entre la multitud se encontraban los representantes del *Black Catholic Council*, un grupo de refugiados vietnamitas y una gran concentración de filipinos, hispanos y polaco-americanos."[3] Por la noche el cadáver fue trasladado a la Catedral del Santísimo Sacramento, donde se celebró la vigilia para los difuntos. En representación de la orden religiosa en la que el Obispo Gallegos había hecho sus primeros votos como religioso, el Prior Provincial de los Agustinos Recoletos trajo a la luz la espiritualidad del joven fraile Gallegos, tan certeramente definida por el mismo Alfonso años atrás como "un grano de incienso", como sacrificio de sí mismo para cumplir la voluntad de Dios.[4]

Más de dos docenas de obispos y alrededor de 100 sacerdotes, además de un gran número de religiosas y frailes, llenaban la Catedral del Santísimo Sacramento como parte de la avalancha de más de 2000 personas que querían manifestar su sentimiento y llenaban la iglesia hasta rebosar. Inclusive se llenó la plazoleta frente a la iglesia madre de la Diócesis de Sacramento. El Obispo Francis Quinn presidió la Liturgia del Funeral Cristiano, tan rica en el tema de la Resurrección, y su Eminencia el Cardenal Roger Mahony, de la Arquidiócesis de Los Ángeles, pronunció una penetrante y fraterna homilía, en la que reflejó brillantemente el carisma pastoral y espiritual del hombre cuyos despojos mortales, revestidos con los símbolos de su oficio de presbítero, reposaban frente al altar, fuente del gran amor que irradiaba su gran corazón sacerdotal.

Subrayando los principios espirituales que fueron tan fundamentales para el Obispo Alfonso, el Cardenal Mahony hizo mención de que "primero...es necesaria una intensa vida espiritual para poder conocer a Jesús profunda y personalmente: de otro modo, ¿cómo podríamos reconocerlo en los demás? Y segundo, que las visitas pastorales frecuentes son esenciales para llevar alimento y bebida a quienes están necesitados, para descubrir al forastero y al enfermo, para traer consuelo a los presos y a los abandonados."[5] Estas cualidades, una profunda vida interior y un gran celo pastoral, eran tan evidentes en la vida del Obispo Gallegos, que el Cardenal Mahony, en perfecta consonancia con el pueblo allí congregado, pudo concluir rectamente su homilía honrando al difunto Obispo como "un hombre afable, un sacerdote cariñoso y un obispo solícito."[6] En la misma línea, el Obispo Quinn, en un tributo público a su hermano obispo, expresó así el sentimiento general: "el Obispo Gallegos se caracterizaba por su amor a la Iglesia, un espíritu alegre y optimista y un gran coraje y habilidad para superar la adversidad."[7] Por lo tanto, no sorprende que la alcaldesa de Sacramento, Anne Rudin, se sintiera impulsada a hacer notar: "nunca he visto a un grupo tan diverso venir a rendir tributo a ninguna otra persona en Sacramento."[8]

Sin que se rompiera la comunión que se había dado entre los diversos grupos de orantes en la catedral, como un solo corazón acompañaron el cortejo fúnebre al Cementerio Santa María. La Asociación de Coches y Camiones de Sacramento organizó una procesión para acompañar el cadáver del Obispo, primero, desde Nuestra Señora de Guadalupe hasta la Catedral, y después desde ésta hasta el cementerio. Todo era poco para quien había sido para ellos el "Obispo de los *low-riders*". Después de todo, ellos le habían acompañado con sus coches y linternas el día de su consagración como obispo. Norteamericanos nativos vestidos con traje tradicional, los Caballeros de San Pedro Claver, una asociación afro-americana de la que era miembro el Obispo, las comunidades asiáticas y la multitud de amigos hispanos y de otros grupos étnicos oraban ante la tumba y luego se marchaban apesadumbrados. Se sentían disminuidos por semejante pérdida, pero al mismo tiempo se sentían elevados y agradecidos al saber que un hombre de la Iglesia, de tan rara santidad y espiritual grandeza de corazón, había vivido entre ellos y había tocado sus vidas. Entre quienes se hallaban cerca de la cripta estaban los hermanos y hermanas del difunto Obispo y sus ya adultos hijos. El pesar que embriagaba sus corazones en ese momento era suavizado por los entrañables recuerdos de un cariñoso hermano que había logrado hacer tanto bien desde aquellos días en los que jugaba a ser sacerdote en la casa de José y Caciana.

CAPÍTULO 8

Tortillas quemadas y una estatua

La muerte es un término, una especie de final que tiende a sumergir en el torbellino del pasado inclusive los recuerdos más prístinos. Sin embargo, hay recuerdos aún vibrantes en la memoria de aquéllos que se habían sentido inspirados por la bondad traducida en buenas obras de aquel cuyo buen corazón, de alguna manera, trasciende las nubes del olvido. Es en el recuerdo donde el ser humano une los fragmentos del pasado formando con ellos una especie del mosaico del presente.

En el caso del Obispo Gallegos, según declaraciones de un joven reportero de Sacramento, había rumores en el barrio. Este mismo reportero escribía en 1995 "aún hoy la gente busca afanosamente la mejor manera de preservar su memoria."[1] Bob Sylva, el periodista, escuchaba las conversaciones en el barrio. Las grandes fotografías que aparecieron en los periódicos durante la semana de duelo habían captado el festivo y juguetón atractivo del singular prelado del vecindario. Ahí aparecía el sombrero blanco de vaquero que solía usar en las fiestas parroquiales, la sonrisa radiante, el abrazo a los niños y otras expresiones de cariño, pero quizás faltaba algo que iluminara la memoria de la gente de los vecindarios hispanos de Sacramento. Sylva descubrió a un escritor dramático aficionado, que quería hacer algo para recordar al pueblo el gozo y la alegría que irradiaba el Obispo a quien él había conocido en un principio como el Padre Al, durante aquellas rondas nocturnas de los viernes, a lo largo de Franklin Boulevard. Richard Alcalá, conocido como el "flaco", no había escrito nunca nada en sus 37 años de vida. Como simple trabajador en la fábrica Campbell Soup no era exactamente alguien llamado a escribir creativamente; lo que le inquietaba sin embargo era el temor que el capellán de los *lowriders* pudiera ser olvidado.

Richard maduraba la idea de una historia para escenificar un drama que le mostrara al auditorio local del club social de la iglesia de Santa Rosa la clase de hombre que había sido este obispo, que quizás había comenzado a desvanecerse en sus memorias. El título que escogió era verdaderamente intrigante, sin ser tal vez fácil de comprender para quienes no pertenecieran al barrio, aunque seguramente haría sonreír a los mexicanos presentes en el salón de actos.

Las tortillas quemadas son algo así como las tostadas quemadas, no es precisamente el mejor plato que se puede servir en una comida. La historia que había circulado contaba que cuando Alfonso era un chiquillo, sus hermanas, ya fuera por distracción, por olvido o por estar entretenidas jugando, dejaban quemar las tortillas. Aparentemente esto sucedía tan a menudo que Alfonso, en lugar de enfadarse o mostrarse hostil, terminaba diciendo: "bien, me gustan las tortillas quemadas." Alguien debió revelar este secreto familiar o quizás haya sido el mismo Padre Al, quien posiblemente empleara humorísticamente este simple ejemplo de paciencia, para exhortar a sus oyentes en la iglesia o como meditación en los retiros. Al aceptar con generosidad las pequeñas cruces de la vida, nos preparamos para que cuando lleguen las grandes no nos resulten tan pesadas.

El resultado del primer intento de escribir por parte de Richard Alcalá fue *Tortillas quemadas: la historia del Obispo Gallegos.* Comenzando con el tema de la aceptación generosa de las cosas de la vida, el autor va esbozando la abnegación y la buena voluntad que rezumaba el Obispo Al en el ejercicio de su ministerio a los demás, hasta llegar al último acto de amor que marcó las horas de su último día en la tierra, el domingo 6 de octubre de 1991. Era un drama que encerraba una enseñanza moral enriquecedora para los habitantes del barrio, y en cuanto a los beneficiarios de la noche de entretenimiento, lo recaudado iría a parar al fondo de Becas de Estudio Alfonso Gallegos. Su constante llamamiento a la educación de la juventud no había caído en el vacío. El escritor en ciernes confiesa haber redactado este memorial porque "creo que la comunidad necesita creer en alguien. El Obispo creía que todos debían trabajar hombro a hombro y ayudarse mutuamente; nadie debía sentirse mejor que los demás. El Obispo Gallegos era muy amistoso, muy humilde, con un mensaje muy sencillo, y nunca buscó nada para sí mismo."[2]

El mayor legado que ha dejado el Obispo según la opinión de los editores del *Heraldo Católico*, periódico de la diócesis, es su "devoción a María" la cual "debe ser atesorada, nutrida y constantemente renovada."[3] La devoción a María era un común denominador entre las comunidades a las que el Obispo Gallegos buscaba servir en su apostolado. Sin duda, su profunda devoción al rosario, heredada de la oración en familia e incrementada por su impedimento visual, le había permitido el acceso a los misterios de la fe en una forma pura y sencilla, sin las exaltaciones de los tratados teológicos. Se había visto forzado por las circunstancias a actuar en una cultura oral, más que en una cultura de lectura. El rosario resumía su Biblia personal. En un sermón dedicado a "María, Madre de los pobres", el Obispo percibe la misión de María dentro de la Iglesia como una misión de esperanza y sanación, un ejemplo permanente del amor de Dios para la familia humana.[4]

La idea de erigir un monumento en recuerdo del Obispo que ocupara un espacio físico en la ciudad de Sacramento, iba ganando aceptación y apoyo entusiasta. Un Jardín de Rosas por la Paz con una placa como dedicatoria fue plantado en los terrenos de la iglesia de Nuestra Señora de Guadalupe. Fue diseñado por T. J. David, presidente de *International World Peace Rose Gardens*. Pero algo más bullía en la comunidad, por eso después de conversaciones y vacilaciones se formó un comité para llevar a cabo el ambicioso proyecto de erigir una escultura en bronce del Obispo Gallegos, la que sería colocada entre la Catedral y el Capitolio estatal. No fue tarea fácil llegar al acuerdo que resultó en la elección de María Navarro como presidenta del proyecto, así como la elección de su esposo George como tesorero. Tanto María como George habían participado en actividades cívicas en la ciudad de Sacramento, a menudo al frente de causas en favor de sus vecinos hispanos. George y María desarrollaron sus planes y estrategias con la asistencia de 10 miembros adicionales del comité, incluyendo a Joe Serna, el alcalde de Sacramento.

Algunos se cuestionaban sobre la conveniencia del proyecto, por temor a que pudiera ser utilizado en la política como un símbolo de las constantes luchas de las minorías en pro de la justicia social y la igualdad de derechos. Otros criticaban el que se incluyera entre los partidarios del proyecto a ciertas figuras públicas que no se habían sentido políticamente cómodas con la firme postura pro-vida del Obispo. La idea del comité, sin embargo, era recordar a la gente de Sacramento la total adhesión del Obispo a la máxima agustiniana "amaos los unos a los otros". Hubo ciertamente momentos de tensión, pero el proyecto siguió adelante.

Robert Houser, un escultor de El Paso, Texas, fue elegido para elaborar en bronce una imagen del Obispo Gallegos de 7 pies de altura, la cual sería elevada a un pedestal erigido en la calle 11 entre la Catedral y el edificio del Capitolio. El pasaje peatonal a lo largo de la calle 11 que conduce al Capitolio fue rebautizado con el nombre de "Plaza Bishop Alphonse Gallegos". El comité recaudó la cantidad de $38.000 dólares gracias a la generosidad de una gran variedad de ciudadanos e instituciones de la ciudad capital. El escultor expresó sus sentimientos en una declaración para el folleto de la dedicatoria. "He buscado imprimir en el bronce la memoria de un hombre que sigue vivo en los corazones de sus amigos y asociados. Al hacerlo, he tenido el placer de redescubrir esas cualidades que le han hecho digno de ser amado por todos vosotros; personificado en una escultura, este símbolo del hombre y sus ideales desafiará a las futuras generaciones. Sirva este trabajo para despertar esos ecos de su personalidad en la historia e inspirar una renovada dedicación a poner en práctica su máxima: 'amaos unos a otros'. Ella hará que perdure como una celebración de su propósito y una confirmación de mis esfuerzos."[5]

El 23 de febrero de 1997, tres años después de la iniciación del proyecto y en una fecha cercana a la que hubiera sido el 67 cumpleaños de Alfonso, el 20 de febrero, los *low-riders* descorrieron la cortina que cubría la estatua, ante el aplauso y la admiración de los presentes. Cerca de la estatua se hallaban las hermanas, hermanos y sobrinos del Obispo; ellos siempre habían estado ahí para él, y él a su vez había estado siempre dispuesto cuando ellos lo necesitaron. Los hijos y nietos de José y Caciana estaban viviendo unos momentos de sano orgullo y gratitud enviados desde el cielo.

Una liturgia bilingüe había precedido a la presentación de la estatua, en la que se habían congregado sacerdotes y laicos de la diócesis, alrededor del Obispo William Weigand, nuevo Ordinario de la Diócesis de Sacramento, quien presidía como principal celebrante. El Obispo Francis Quinn, entonces retirado como Ordinario, predicó la homilía. Al descubrir la imagen, el Obispo Quinn reconoció una vez más aquellas cualidades de su auxiliar que le habían ganado el afecto de la gente de la diócesis y más allá de ella. Entre estas características destacaban en forma notable su constante amor a la Iglesia, su alegría y su optimismo. Inolvidable además fue su fortaleza ante la adversidad; las gafas esculpidas en la estatua serían un recordatorio, para los que lo conocieron, de su lucha de por vida con las sombras en las que le sumió una visión seriamente deformada. Al mismo tiempo, el nuevo prelado de Sacramento, el Obispo Weigand, veía en la imagen y su localización como un memorial del papel desempeñado por el Obispo como un "puente" entre las enseñanzas de Jesús y los encargados de dictar las leyes en el Capitolio estatal situado calle abajo. La música interpretada por el Mariachi Zacatecas creó una atmósfera festiva, mientras los antiguos amigos del Obispo, los *low-riders* y los bailarines americanos nativos, rodeaban a su familia con el afecto de una ciudad que se sentiría por siempre agraciada por la imagen que lo perpetuaba a lo largo del simpático corredor que ahora llevaba su nombre.[6]

CAPÍTULO 9

Lección de espiritualidad

Tratar de describir la espiritualidad del Obispo Alfonso Gallegos OAR sobre la base de un estudio de documentos podría conducir quizás al investigador a un reducido número de tales materiales escritos. No hay evidencia de lo que podría llamarse una extensa "pista" a seguir. Es necesario tener en mente el recurso del Obispo a comunicarse en forma verbal, más que en forma visual. Como ya se ha señalado, él vivió y funcionó en un contexto de una cultura oral. Aunque hizo algún uso de la máquina de escribir, aún no había llegado a él la cultura del ordenador. Con mucha más frecuencia, él hablaba y predicaba sin notas, o quizás con unos pocos temas más relevantes escritos en grandes caracteres. Estos documentos escritos, por lo general sin firma, son reconocidos como suyos a causa de los grandes caracteres que empleaba. Una fuente más amplia para quienes deseen conocerlo se puede encontrar en cintas grabadas y videos.

La selección de la frase "amaos unos a otros" está lejos de haber sido por azar, pues era para él el imperativo primordial del Evangelio. En este sentido, el mandamiento de amor de Cristo era considerado el tema unificador de la misión de Cristo y la razón esencial de su presencia encarnada. El hecho que el futuro Obispo Auxiliar de Sacramento haya escogido esta máxima como el logotipo pastoral emblemáticamente plasmado en su escudo de armas, revela al mismo tiempo una cierta humilde simplicidad en la comprensión de su propia llamada, es decir, su adhesión a una de las fuentes permanentes de su espiritualidad, como es la *Regla Monástica de San Agustín*. El componente agustiniano de su formación espiritual y religiosa sincronizaba perfectamente con la formación cristiana recibida en el seno de una familia unida en la fe y la tradición católicas.

La familia Gallegos, formada y sostenida amorosamente por José Gallegos y Caciana Apodaca, recibió de sus antepasados en Nuevo México, además de su religiosidad hispana, un profundo amor a la Iglesia y a las devociones que daban sentido a la vida diaria de padres e hijos. La familia asumió por sí misma la tarea inicial de catequizar a los hijos creando un ambiente de alegre religiosidad. Tanto como párroco de las parroquias californianas como en su misión como obispo, Alfonso se basó en forma abundante de su experiencia como uno de los 11 hijos de una familia de clase obrera cuando retornaba reiteradamente al tema de la familia como valor primordial de la tradición hispana y como base esencial de la vida cristiana. En una encantadora conferencia dada en español y titulada "Los abuelos en el seno de la familia", él reprende a esos hispanos que han olvidado el tradicional cuidado de los ancianos y les recuerda la importancia del cuidado continuo de la vida de generación en generación. Lo que el joven Alfonso aprendió de la familia sobre el arte de amar le ayudó más adelante a desarrollar el consistente hábito de visitar los hogares y compartir la mesa de los pobres.

La formación que Alfonso recibió en casa junto a sus hermanos y hermanas no estaba ajena al mundo que les rodeaba, sino que los condujo a involucrarse en las actividades del vecindario, entre las cuales figuraba el desarrollo de la nueva parroquia de San Miguel, proyecto en el que trabajaron en comunión con los vecinos. El mandamiento de "amaos unos a otros" era practicado en el barrio con devociones marianas y, por supuesto, la Vigilia de San José en el hogar de los Gallegos, a la que todos los vecinos estaban invitados. La familia Gallegos, al igual que las demás familias de Watts, hicieron de

Lección de espiritualidad

la parroquia su casa, en la que tomaron parte activa y donde además Alfonso encontró una comunidad religiosa interesada en animar al casi ciego monaguillo a pensar en la vocación religiosa. Esta amistosa apertura introdujo al joven Alfonso a una nueva posibilidad de aprender cómo poner en practica el mandato evangélico de "amaos los unos a los otros" en concordancia con una antigua fuente de la espiritualidad cristiana, llamada la *Regla de San Agustín,* tal como la vivían los frailes agustinos recoletos de la parroquia de San Miguel. Más tarde como novicio en la casa de formación de los Agustinos Recoletos, en Kansas City (Kansas), estudió la *Regla* y escuchaba la lectura de la misma en latín los viernes durante las comidas hechas en silencio en el refectorio. No podía evitar sentirse impresionado al escuchar la solemne invitación con la que San Agustín comienza su *Regla.* "Antes que nada queridísimos hermanos, hemos de amar a Dios y después también al prójimo, ya que estos son los principales mandamientos que hemos recibido de Dios."[1] Los preceptos de la *Regla* son los requisitos para alcanzar el "propósito principal por el cual nos hemos reunido para vivir en armonía en la casa y tener una sola alma y un solo corazón dirigidos hacia Dios."[2]

La influencia que esta formación agustino recoleta tuvo en su vida quedó claramente plasmada en una conferencia que dictó a los religiosos de Sacramento bajo el titulo de *Religious in the Twentieth Century [Religiosos en el siglo XX].*[3] Su enseñanza sobre los votos, en consonancia con el espíritu del Vaticano II, así como su experiencia de antiguo maestro de novicios y prefecto de religiosos profesos demuestra una firme compenetración con el tópico. En dicha conferencia se muestra crítico con lo que él ve como una repuesta inadecuada a la renovación y puesta al día del Vaticano II. En ella invita a los religiosos a una más autentica vivencia del voto de pobreza. Y les hace cuestionarse: "¿Significa para nosotros este voto tan solo el pedir permiso para vivir como los demás americanos? ¿Nos ha proporcionado el voto una vida de confortable seguridad?"[4] En su propio camino de elevación al episcopado Alfonso continuó viéndose a sí mismo como un religioso, y en lo personal, aunque no estaba obligado canónicamente a observar el voto de pobreza. Cuando se le pidió que documentara en forma oficial su última voluntad y testamento, declaró simplemente que se la podía encontrar en el archivo de los Agustinos Recoletos, con lo cual hacía referencia al voto de pobreza que había pronunciado al emitir sus votos solemnes en 1954.[5] Utilizaba cualquier ingreso de dinero para pagar la matrícula de los estudiantes necesitados de las escuelas católicas del área. Un testigo de este hecho afirma que al examinar el dormitorio del Obispo Gallegos después de su muerte, encontró una habitación tan austera y desmantelada como la celda de un monje.[6]

En el mismo documento el Obispo exhorta a su auditorio de religiosos a abrazar la castidad como un camino inspirado en la fe para alcanzar "una mejor vida comunitaria",[7] es decir, para poder relacionarse mutuamente en un "ambiente humanamente cálido y de fraterna amistad."[8]

Ciertamente, tal noción de la vida en comunidad, en la que resuenan los valores de la fraternidad y la amistad, son reflejo del aprecio que tiene a la *Regla de San Agustín.* Respetando los preceptos que marca la ley en la práctica de la obediencia, Alfonso ve el concepto legalista de la obediencia como una pobre interpretación de lo que debe ser la obediencia vivida como "una amorosa respuesta a Dios a imitación y en compañía de Cristo."[9] Sin lugar a dudas, el Obispo consideraba la vida religiosa como un camino de vida apostólica afianzado en la vivencia de una ejemplar vida comunitaria. Durante sus diez años como Obispo Auxiliar de Sacramento mantuvo profundos lazos de afecto con sus hermanos agustinos recoletos y sus comunidades, sin dejar de visitarlos cuando sus muchos viajes le llevaban cerca de estas comunidades, tanto dentro de los Estados Unidos como allende los mares.

Lección de espiritualidad

En la homilía que predicó en la Misa exequial para rogar por el descanso eterno del alma de Obispo Gallegos, el Cardenal Mahony señaló que la vida del prelado estuvo marcada por un feliz equilibrio entre una unión íntima y profunda con Jesucristo y una generosa y auténtica donación de sí mismo a los demás. Una muestra típica de esta espiritualidad íntegra y profunda se puede descubrir en una conferencia que dio Gallegos a los seminaristas hispanos sobre el tema de la espiritualidad. No era su meta definir el concepto de la *espiritualidad,* sino que quiso compartir con estos futuros sacerdotes "mi relación íntima y personal con el Señor como seminarista, sacerdote y obispo hispano."[10] Comentaba prudentemente que aunque la espiritualidad de uno responda a las condiciones de una cultura particular, la autenticidad y vitalidad de la misma descansa en la unión de estas formas particulares con la Iglesia universal. Rechaza aquella distinción artificial que se pretende hacer entre una espiritualidad "vertical" y otra "horizontal". Su concepto básico de "amaos unos a otros" excluye tal distinción, porque amar a Dios incluye necesariamente amar al prójimo y a sí mismo. Urge el Obispo que estos futuros presbíteros hispanos no se alejen de sus raíces culturales, que aprendan de los pobres y que sean fieles a las enseñanzas de la Iglesia.

Este Obispo, que en su juventud fue líder de la organización de jóvenes católicos en Watts, guardaba un fuerte sentimiento no sólo de compasión hacia los indocumentados y un deseo de brindarles ayudas materiales y espirituales, sino que al mismo tiempo los urgía a compartir con sus nuevos vecinos este el don de la "alegría". El tema de "la alegría" constituía un elemento central en su acercamiento pastoral a todas las personas, no solamente a los hispanos. Afirma que la capacidad para la celebración gozosa, el peculiar don que los mexicanos traen a su nuevo hogar, es algo que ha de ser compartido y que debe ser utilizado para llevar vida a estos nuevos vecinos, que con demasiada frecuencia están agobiados por las exigencias de una sociedad de consumo. Explica claramente su apología del testimonio de la "alegría" en un breve mensaje escrito, titulado *Para estar cerca del reino de Dios.*[11] En él invita a sus oyentes a reflexionar sobre las razones para estar alegres entre los cristianos y sobre las festivas tradiciones de celebración que elevan el corazón humano al cielo y que reúnen a las familias y a las comunidades en un espíritu de esperanza y expectación. La vida es dura para el inmigrante, pero en ella no ha de haber razones para la tristeza. Existe la alegría de la vida misma, la alegría de la familia y los poderes salvíficos de la fe en un Padre amoroso, siempre a la espera de nuestro retorno.

"Amaos los unos a los otros", la Iglesia como una y única

La homilía que predicó el Obispo Alfonso Gallegos en la Misa Crismal de la Semana Santa de 1983, en presencia del Obispo Quinn, del clero de la diócesis, de los religiosos y laicos, es un buen indicador de la inspiración agustiniana de su eclesiología. Compartió con su congregación una visión de la Iglesia centrada en la Eucaristía y la unicidad de todos "los que formamos a Cristo."[12] Recordó a los fieles allí presentes el liderazgo del Ordinario y la necesidad de que todos los cristianos —sacerdotes, religiosos y padres— respondan a sus respectivas vocaciones con una entrega abnegada y generosa de sí mismos, a imitación del sacrificio de Cristo en la Misa. Al igual que en otras ocasiones, enfatiza la idea que la vocación no es "algo que pasó una vez ya hace tiempo" sino que más bien es un constante diálogo con Dios, fundado en la oración y la apertura a la vida de la gracia. Las vocaciones cristianas son llamadas a servir, por eso "toda forma de vida apostólica, tanto del individuo como de la comunidad, debe estar en concordancia con el Evangelio."[13] Concluye afirmando explícitamente que este servicio debe ir dirigido a los "Lázaros del siglo veinte que llaman a nuestra puerta."[14] Los pobres y los necesitados, los inmigrantes y los marginados, representan en su pensamiento ocasiones para aunar nuestros esfuerzos en fidelidad al Evangelio y dar una respuesta profética a los "signos de los tiempos".[15]

Una de las más conmovedoras y explícitas declaraciones del Obispo Alfonso en su afirmación de la unidad de la Iglesia se encuentra en el informe sobre su participación en el Congreso Eucarístico celebrado en una Nicaragua desgarrada por las guerras internas en Noviembre de 1986.[16] El Obispo Alfonso había sido convencido por el Delegado Apostólico en los Estados Unidos, el Arzobispo Pío Laghi, para que asistiera a dicho Congreso. Antes de arribar a Managua, visitó la tumba del Arzobispo Oscar Romero en El Salvador. En la versión en español, describe esta visita: "Visité la tumba de nuestro hermano, el Obispo Oscar Romero, en El Salvador; no hice más que orar y meditar en aquella catedral silenciosa y sagrada que otorga, bajo la mirada y complacencia de María Santísima de Guadalupe, la paz eterna a este héroe del amor y de la libertad. Es impresionante saber que aquí descansa un gran líder pacífico que no temió arriesgar su vida por los derechos más nobles y sagrados del hombre. Di sentidas gracias a la Virgen por el ejemplo de este santo, y recordé instantáneamente aquella advertencia de Cristo Nuestro Maestro: 'la Iglesia será perseguida, pero jamás será vencida.'"[17]

Durante el curso de esta visita se sintió profundamente conmovido por la respuesta de los fieles al lema del Congreso, "La Eucaristía Fuente de Unidad y Reconciliación", ya que a todos los lugares a los que concurrió durante su visita de dos semanas, tanto en las iglesias urbanas como en las rurales, escuchaba complacido el saludo de la gente con el lema del Congreso: "La Iglesia es Una: la Iglesia es Una". La valentía del ordinario católico de Nicaragua, frente a un intento marxista de crear una "Iglesia Popular" con la ayuda del Estado, alentó a Gallegos a dirigir un mensaje de solidaridad católica internacional para la búsqueda en común de la paz y la unidad. En representación de la Iglesia de los Estados Unidos, les habló de un deseo de paz y reconciliación basados en la fidelidad "a Nuestro Santo Padre, por la fe y la obediencia".[18] La Iglesia es "una", no tiene fronteras.

El Obispo Gallegos evitó cuidadosamente politizar su visita. Sin embargo, dio abiertamente testimonio cuando fue cuestionado a causa de su visita a la Prelatura de Juigala, sede del Obispo exiliado Pablo Antonio Vega. "Allí," escribe, "le aseguré al pueblo que contaba con el apoyo y las oraciones de la Iglesia de los Estados Unidos, expresando de nuevo que somos una Iglesia y una Fe."[19] El estilo adoptado por Alfonso al tratar asuntos políticamente provocativos no era ni de confrontación ni tampoco de contemporización; simplemente les hablaba con claridad sobre las enseñanzas de la Iglesia. "No pude evitar sentir la presencia de una Iglesia viva que manifestaba el dinamismo de su fe, una Iglesia viva, una Iglesia que está sufriendo en una tierra que sufre."[20] Lo que más le dolía al "Obispo de los jóvenes" era la ausencia de chicos jóvenes en las ciudades y las villas que visitó; ellos habían sido reclutados o forzados a formar parte de uno de los dos bandos en conflicto, algunas veces incluso enfrentando a hermano contra hermano. Sintió profundamente el caos de Nicaragua, pero al mismo tiempo se sentía confortado por las manifestaciones de fe de miles de niños que lo acompañaron en esta jornada testimonial de la unicidad de la Iglesia universal, a pesar de todas las fuerzas divisorias.

Nadie percibió más claramente la fidelidad del Obispo Gallegos a la Iglesia y su doctrina que el Ordinario de la Diócesis de Sacramento, el Obispo Francis Quinn. En un comunicado enviado al Delegado Apostólico, Monseñor Pío Laghi, le escribía refiriéndose a su Auxiliar: "No conozco a ningún obispo más leal a las enseñanzas del Magisterio de la Iglesia."[21] En la misma carta, el Obispo Quinn continúa diciendo que "durante los años que llevo de conocer al Obispo Gallegos he llegado a valorar altamente su percepción de lo que son la Iglesia Universal y la diócesis."[22] Más todavía, "entre mis consultores, valoro su juicio en las decisiones sobre la diócesis, por encima del juicio de los otros."[23] A juicio del Obispo Quinn eran especialmente encomiables en el Obispo Auxiliar su sentido pastoral y su habilidad para inspirar en otros el deseo de servir a la Iglesia.

Un regalo de amor

Varios monumentos han sido erigidos para perpetuar el paso de un hombre extraordinariamente bueno y amoroso pastor de almas. Uno de ellos es un poema titulado *Un regalo de amor,* escrito por Phil Goldvarg,[24] un trabajador social de Sacramento, pocos días después de la muerte del Obispo Gallegos. Resulta muy apropiado como conclusión de este breve intento de escribir una biografía sobre el hijo de José y Caciana Gallegos.

"Un regalo de amor"
Para el Obispo Gallegos

Hijo de Dios
Hijo de la Madre Tierra
Anduvo por los polvorientos caminos
con el trabajador inmigrante,
el joven,
el anciano, el enfermo
el desesperado,
con los bulliciosos jóvenes
y con los que han vencido tras la dura lucha;
se puso al servicio de Dios,
de sus hermanos y hermanas,
llevando sobre sus hombros
carga sobre carga,

las múltiples opresiones de este mundo,
confrontando la injusticia con la Visión,
más allá de la mirada ordinaria.
El Obispo Gallegos era el rostro del Mestizo,
del Azteca,
del Tolteca,
del Granjero,
de los valientes que cruzaban el Río
del Huelguista,
del que Protesta.
Él era el rostro de la Familia,
doblaba sus rodillas
para orar,
para plantar vida en la tierra,
para levantar a otros del barro.
A nada temía
excepto que sus hermanos y hermanas
se vieran faltos de libertad.
Su lucha fue constante,
sin concluir,
su sangre fue un río
que nutrió a los desesperados;
sus dedos
golpearon con fuerza la roca de los prejuicios.
Su voz era
un grito en la noche,
que llegaba hasta la oscura caverna
de los sueños rotos;
No hay muerte para su Espíritu,
su grito.
Ellos vivirán,
vibrarán en los campos y las calles,
en lo hondo del corazón
donde se esconde el miedo;

Lección de espiritualidad

el regalo del Obispo Gallegos
es un círculo de entrega,
de la Vida,

desde un comienzo hasta el otro,
un círculo de amor
que rodeó nuestras vidas.

—Phil Goldvarg

Epílogo

Misa exequial en sufragio del Señor Obispo Alfonso
Gallegos, OAR, Obispo Auxiliar de Sacramento, viernes 11
de octubre de 1991, 11:00 a.m. Catedral del Santísimo
Sacramento, California.

¡Un hombre apacible, un sacerdote cariñoso y un obispo
que supo prodigar cuidados a su alrededor! El Obispo Alfonso
Gallegos hizo su entrada en la vida eterna de la misma manera
como vivió su vida sacerdotal y episcopal: ayudando a los demás
y sirviendo a aquellos con quienes compartió su existencia.

Nadie habría pensado mal de un obispo que, teniendo 60
años, no se hubiera bajado de su automóvil en la transitada
super-carretera 99, cuando era de noche, para ayudar a empujar
hasta un lugar seguro el automóvil descompuesto. Sin embargo,
dado que el obispo era Alfonso Gallegos, lo que más estaba en
consonancia con su modo de ser era lo que él hizo la noche del
domingo pasado.

En esta ocasión, sin embargo, un acto de generosidad le
costó la vida terrenal, encaminándolo así a la vida eterna que
todos deseamos y anhelamos. Las palabras de San Pablo en la
segunda lectura del día de hoy se aplican con extrema exactitud
al Obispo Gallegos: "Todos nosotros seremos transformados —en
un instante, en un abrir y cerrar de ojos— al sonar de la
trompeta." De una manera muy real, éste, su "abrir y cerrar de

ojos", tuvo lugar en una super-carretera histórica y muy transitada del centro de California.

Nacido el 20 de febrero de 1931 en Albuquerque, Nuevo México, Alfonso Gallegos era estadounidense de cuarta generación. Sus padres, José y Caciana Gallegos, trajeron a vivir durante 18 años a Alfonso a la avenida Watts, en el corazón de la sección Watts de la zona sur, en el centro de Los Ángeles. El hogar de la familia Gallegos, en donde moraban el papá, la mamá, cinco hijos y seis hijas, estaba localizado a escasas cuatro cuadras de la iglesia San Miguel, en la que un día Alfonso llegaría a ser párroco.

Pero su camino hacia el ministerio y la vida sacerdotal no fue fácil. A causa de una seria deficiencia en los ojos, Alfonso, su familia y sus amistades oraron al Señor por medio de la intercesión de Santa Lucía, patrona de la vista, implorando su ayuda en esto que parecía un obstáculo para llegar a la ordenación sacerdotal.

Un especialista de los ojos puso especial interés en la atención a Alfonso, de tal forma que dos operaciones exitosas —una en 1948 y la otra en 1949— dieron a Alfonso la capacidad visual necesaria para ser aceptado, al año siguiente, para iniciar sus estudios sacerdotales. Parecía como si la profecía de Isaías que leímos esta mañana en la primera lectura estuviera dirigida a Alfonso: "En este monte, el Señor de los ejércitos destruirá el velo que cubre a todos los pueblos..." ¿Puede acaso ser ésta una referencia al velo que una visión pobre trae consigo?

En 1950 Alfonso ingresó al monasterio que los Agustinos Recoletos tenían en Kansas City, para hacer su noviciado. En ese mismo lugar Alfonso hizo su primera Profesión Religiosa, sus Votos Perpetuos y sus estudios de filosofía. Una vez terminados sus estudios teológicos en el Seminario de Tagaste, en Nueva York, fue ordenado sacerdote el 24 de mayo de 1958. Lleno de inmensa alegría y orgullo, el Padre Alfonso Gallegos celebró su primera Misa Solemne en la Parroquia de San Miguel, el 8 de junio de 1958.

El joven Padre Gallegos sirvió en diversas tareas pastorales, mientras que al mismo tiempo continuaba con sus estudios universitarios de teología, psicología y ciencias religiosas.

En agosto de 1972 el Padre Gallegos fue nombrado Párroco por primera vez. Serviría a la comunidad de la iglesia de San Miguel, en Watts, a pocas cuadras del lugar que lo había visto crecer y en el mismo lugar donde celebró su primera Misa Solemne.

Su vida y ministerio en la parroquia de San Miguel mostraron un profundo compromiso con Cristo, una espiritualidad profunda y una proclamación del Evangelio llena de esperanza. Si es verdad que la alegría es el signo infalible de la presencia de Dios, entonces podemos decir sin temor a equivocarnos que la vida del Padre Gallegos irradiaba ese signo acompañado de un dinamismo y una energía incontenibles.

Más o menos tres años después de haber sido nombrado párroco, al reflexionar sobre la necesidad de la alegría como instrumento de la gracia de Dios, el Padre Gallegos escribió: "Watts es un área pobre, pero no es una zona triste. Hay aquí un gran espíritu y una gran esperanza. A pesar de todo, Watts es una comunidad feliz."

Desde los inicios se hizo manifiesto que la figura de Jesús reflejada en el Evangelio que hemos escuchado hoy era realmente la del Padre Gallegos: "Tuve hambre, y me disteis de comer; tuve sed, y me disteis de beber, era forastero, y me acogisteis: estaba desnudo, y me vestisteis; enfermo, y me visitasteis; en la cárcel, y vinisteis a verme."

El entusiasmo y el reto que estas palabras de Jesús traen consigo movieron al Padre Alfonso a adoptar dos principios fundamentales que guiaron su vida de párroco y de obispo. El primero de ellos es que para conocer a Jesús profunda y personalmente es necesaria una sólida vida espiritual; de no ser así, ¿cómo podríamos reconocer a Jesús en los demás? El segundo

Epílogo

era que las visitas pastorales frecuentes son necesarias para hacer llegar la comida y la bebida a los necesitados, para descubrir al extraño y al que está enfermo y para confortar al encarcelado y al abandonado. Estos dos principios personales, a cuya luz todos los demás se desvanecen, serían la piedra fundamental de toda su vida hasta el domingo pasado por la noche. Resultaría difícil imaginarse a un párroco o un obispo que buscara tan celosamente estar con su gente para llevarles la alegría y las promesas de Jesucristo, hasta consumirse y ser consumido por ellos.

Durante el período en el que el Padre Gallegos fue párroco de San Miguel, participó activamente con el Cardenal Timothy Manning para establecer el programa para los Diáconos Permanentes de habla española. Conviene notar que fue uno de los primeros programas de ese estilo en toda la nación.

En 1978 el Padre Gallegos cumplió su período de seis años como párroco de San Miguel y fue nombrado párroco de la Parroquia de Cristo Rey, en las inmediaciones del Parque Griffith, donde con su entusiasmo característico continuó buscando acercarse a todos sus feligreses. Allí el Padre Gallegos encaminó a su grey hacia el Señor de quien llega la salvación, reiterando permanentemente esa maravillosa visión del profeta Isaías: "¡He aquí —dice Isaías— a nuestro Dios, de quien esperamos la salvación! Éste es el Señor a quien buscamos. ¡Alegrémonos y regocijémonos en su salvación!"

En 1979 el Padre Gallegos fue nombrado Director de la Oficina para los Asuntos Hispanos de la Conferencia Católica de California. En consonancia con su pasado, el Padre Gallegos continuó dando un lugar privilegiado al contacto personal: "Durante los próximos meses —escribía— viajaré a las diversas diócesis con el fin de conocer a las personas y de darme a conocer."

Fue ahí, en este trabajo con la Conferencia Católica de California, donde lo conocí por primera vez y mucho me agradó su gozoso entusiasmo por el trabajo de la Iglesia orientado a llegar hasta la creciente comunidad hispana a lo largo y ancho del estado. El Padre Gallegos organizó una red de servicios y de programas para la Pastoral Hispana que llegarían a ser modelos a nivel nacional, servicios que aún hoy continúan vigentes. Él fue la chispa que puso en marcha tanto los Equipos Móviles de Pastoral a favor de los trabajadores del campo como los Programas de Radio en español que llegaron a los trabajadores agrícolas en California y México.

No era raro encontrar al Padre Gallegos en el Bulevar Franklin, los viernes y los sábados por la noche, platicando con los dueños de esos automóviles arreglados en esa forma particular que aquí llamamos *low-riders,* bendiciendo sus coches, animando a esos jóvenes automovilistas y reuniéndose con ellos en la casa parroquial de Santa Rosa para ayudarlos en muchos de sus problemas y preocupaciones.

Nombrado Obispo Auxiliar de la Diócesis de Sacramento en el otoño de 1981, el Obispo Alfonso Gallegos recibió la ordenación episcopal de manos del Señor Obispo Francis A. Quinn el 4 de noviembre, justamente en la fiesta de San Carlos Borromeo, ese fantástico obispo y pastor de Milán, Italia.

Su lema episcopal, "Amaos los unos a los otros", era reflejo del llamado de Jesús en los Evangelios y en la *Regla de San Agustín;* un lema que los Agustinos Recoletos llevan escrito en el cinturón de su hábito. Su escudo de armas era en sí mismo como un mosaico de todo aquello que el Obispo Gallegos llevaba en su corazón, como discípulo ferviente de Jesucristo y partícipe de Su sacerdocio.

El Obispo Gallegos estaba a punto de cumplir su décimo aniversario como obispo al servicio del Señor y de la Iglesia, a quienes amó tan profundamente. Esta década de servicio amoroso al pueblo de Sacramento, en íntima colaboración con el Señor Obispo Quinn, fue una extensión de ese panorama y dinamismo que Jesús describió en el Evangelio de hoy. Siempre

Epílogo

en acción, siempre deseoso de estar con su gente, sirviendo a todos con la devoción del Pastor, especialmente a los pobres y a los desposeídos, el Obispo Alfonso Gallegos vivió en plenitud todo lo que Jesús proclamó hoy en el Evangelio de San Mateo.

Muy posiblemente, con las circunstancias que acompañaron su muerte, el Obispo Gallegos añadió otra obra de misericordia a la lista que Jesús presenta en el Evangelio: "mi automóvil se había parado en medio de la carretera y tú te bajaste para ayudarme a empujarlo."

Un hombre apacible, un sacerdote cariñoso y un obispo que supo prodigar cuidados a su alrededor ha escuchado ahora esas mismísimas palabras de Jesús: "¡Ven! ¡Tú, bendito de mi Padre, entra en el Reino para ti preparado!"

Homilía del Cardenal Roger Mahony,
Arzobispo de Los Ángeles

Notas

Capítulo 1

1. "Surgical Correction of Extreme Miopia. Report of a Case," Volume 7, Book 10 (December 1949), Doctors' Hospital, 325 W. Jefferson Blvd., Los Angeles, CA.

2. Fernández-Shaw, C., *The Hispanic Presence in North America from 1492 to Today* (New York: Facts on File, Inc., 1991), p. 201. Traducción por Alfonso Bertodano Stourton, et al. "Nueva México retiene su ambiente hispano mientras a la vez contribuye su propio sabor al gran caldero de razas que es la cultura norteamericana."

Capítulo 2

1. Carta del Obispo Gallegos al Padre Plácido Lanz, OAR, 8 de octubre de 1982 (West Orange, New Jersey: Archivo Provincial).

2. Gallegos, el Reverendo Alphonse, *Why I Became an Augustinian Recollect [Porqué me hice Agustino Recolecto]* (Archivo Provincial).

3. Carta del Padre Jim Elmer, OAR, al Prior del St. Augustine Misionary Seminary, Kansas City, Kansas (Archivo Provincial). La carta no tiene fecha, pero el contenido indica que tendría una fecha cercana al tiempo de las intervenciones quirúrgicas de 1948.

4. Gallegos, el Reverendo Alphonse, "Novitiate Training in a Time of Change" (Archivo Provincial). Aparece sin fecha pero está

firmado por el "Maestro de Novicios", lo que indicaría el período entre 1967-1969.

5. Gallegos, *Why I Became an Augustinian Recollect.*

6. Informe del Capítulo del Monasterio de San Agustín al Superior Mayor, después de la profesión solemne del Padre Alphonse Gallegos, OAR (Archivo Provincial, septiembre de 1954).

7. Carta de Dr. H. G. Blasdel a Alphonse Gallegos, 21 de septiembre de 1955 (Archivo Provincial).

8. Libro de los Capítulos (Suffern, New York: Tagaste Monastery, 18 de enero de 1958), p. 25.

9. Ibíd, p. 32.

10. Gallegos, *Libro de cosas notables,* 1929-1967, San Miguel Parish (Archivo Provincial), p. 122.

Capítulo 3

1. Carta de Ramón Castroviejo, MD al Hermano Alfonso Gallegos, 25 de febrero de 1960 (Archivo Provincial).

2. Carta de Caciana Gallegos a su hijo, 2 de mayo de 1961 (Archivo Provincial). Esta carta y otras han sido guardadas por la señora Senaida Kane, hermana de Alfonso, y actualmente se encuentran en el Archivo Provincial.

3. La cartita de invitación a esta fiesta en casa de los Gallegos se refiere a "Saint Joseph Wake", una traducción literal y divertida de la palabra española *Velorio* en honor de San José.

Capítulo 4

1. *Libro de cosas notables,* San Miguel, op. cit., 10 de agosto de 1965, p. 13.

2. Ibíd, 1971, pp. 8-9.

3. Carta de P. Gallegos al Muy Reverendo James D. McGuire, Prior Provincial, 10 de julio de 1972 (Archivo Provincial).

4. Center for Applied Research to the Apostolate, *Apostolate to the Spanish-Speaking,* Volume I (Los Ángeles: San Miguel Parish, septiembre de 1974), pp. 120-125.

5. Carta del Hermano Michael Stechmann, OAR a Mr. Richard Alcalá, 12 de abril de 1995 (Archivo Provincial).

6. Carta de un feligrés de San Miguel al Prior Provincial, 25 de mayo de 1978 (Archivo Provincial).

7. "San Miguel Elementary School Self-Evaluation", 14-15 de abril de 1975 (Archivo Provincial), p. 29.

8. Carta de Reverendo Alphonse Gallegos a Reverendo Monseñor Benjamín Hawkes, 15 de agosto de 1977 (Archivo Provincial).

9. *Low-riders* es una designación de grupos de jóvenes latinos que se dedican a la reconstrucción de automóviles para conseguir un chasis más bajo y un motor más potente. Decoran sus coches con colores y pinturas muy llamativos. Aparecen particularmente entre los jóvenes mexicanos en el sudoeste de lcs Estados Unidos.

10. Sandoval, Moisés, "Bishop for Youth", Revista *Maryknoll* (1982), p. 13.

11. Informe del Capítulo, op. cit. Monasterio de San Agustín, 1954.

12. Ibíd.

13. "Greetings to Father Provincial" (Archivo Provincial), una carta del Consejo Parroquial de la parroquia de San Miguel, escrita aparentemente en 1978, el año del traslado de P. Gallegos a la parroquia de Cristo Rey.

14. Carta del Cardenal Timothy Manning al Muy Reverendo James D. McGuire, OAR, el 9 de mayo de 1978 (Archivo Provincial).

15. Homilía del Cardenal Roger Mahony, *The Catholic Herald* (16 de octubre de 1991), p. 10.

Capítulo 5

1. Carta del Muy Reverendo James D. McGuire, OAR, Prior General de la Orden de los Agustinos Recoletos, al Cardenal Timothy Manning, 9 de junio de 1978 (Archivo Provincial).

2. Carta del Obispo John Ward al Reverendo Francis Peluso, OAR, Prior Provincial de los Agustinos Recoletos, 9 de julio de 1981 (Archivo Provincial).

3. Diario del Obispo Alfonso Gallegos, 1 de octubre de 1979 (Archivo Provincial), p. 100.

4. Ibíd, 4 de octubre de 1979.

5. Ibíd, 12 de marzo de 1980, p 111.

6. Ibíd, 23 de junio de 1980, p. 115.

7. Laine, R. J., "The Lord and the Lowrider", *City Lights* (Sacramento), p. 7.

8. Diario, op. cit., 4 de agosto de 1981, p. 127.

9. Ibíd, 23 de agosto de 1981, p. 128.

10. Ibíd, 26-27 de agosto de 1981, pp. 129-130.

11. Ibíd, 1 de septiembre de 1981, p. 131.

12. Gallegos, Obispo-electo Alfonso, Mensaje a la prensa, 1 de septiembre de 1981 (Diócesis de Sacramento, Archivo).

13. Ibíd.

14. Ibíd., citando *Regla de San Agustín,* Capítulo 1.

Capítulo 6

1. Witt, R., "Hispanic Bishop Picked in Capital", *The Sacramento Bee* (2 de septiembre de 1981), p. B3.

2. El apellido *Gallegos* está presente en Nueva México desde los tempranos tiempos coloniales. Cf. Fray Angélico Chávez, *Origins of New Mexico Families: A Genealogy of the Spanish Colonial People* (Santa Fe, New Mexico: Museum of New Mexico Press, 1992).

3. Esta Carta fue publicado en 1988 por la Conferencia Católica de California en una edición bilingüe bajo el título, *The Joy of Being Catholic / El gozo de ser católico.*

4. De la Conferencia Católica de los Estados Unidos (actualmente la USCCB), "The Hispanic Presence Challenge and Commitment" (Washington, DC: USCC, 1983), y también, "The Bishops Speak with the Virgin. Pastoral Letter of the Hispanic Bishops of the U.S." (Washington, DC: USCC, 1982).

5. Carta del Obispo Gallegos al Reverendo Francis E. Peluso, OAR, Prior Provincial, 8 de marzo de 1982 (Archivo Provincial).

6. Testimonio de Olimpia Núñez, secretaria del Obispo Gallegos, en respuesta al "Questionnaire Concerning the Life and Works of Bishop Alphonse Gallegos, OAR (deceased)."

7. Ibíd.

8. "Recuerdo del vigésimo aniversario 12 diciembre 1978," Santuario de Nuestra Señora de Guadalupe (Sacramento, California: Archivo Diocesano de Sacramento).

9. Una copia escrita a máquina del "Report of the Problem of the Church and the Spanish-Speaking in the Diocese of Sacramento (February 1963)" se ha encontrado en el Archivo Diocesano de Sacramento gracias a la ayuda del Padre William Breault, SJ, archivero.

10. *Pastoral Proposal No. 1*, Our Lady of Guadalupe Church, 11 de marzo de 1965 (Sacramento, California: Archivo Diocesano).

11. Ibíd, *Pastoral Proposal II*, 1. d.

12. Carta de Gerald y Reseanne Lalumiere e hijos al Reverendo John Gruben, OAR, Prior Provincial, Provincia de San Agustín, 27 de agosto de 2002 (Archivo Provincial).

13. "Personal reflections of John Madrid regarding the Most Reverend Bishop Alphonse Gallegos," 17 de octubre de 2003 (Archivo Provincial).

14. Entrevista del autor con la señora Patricia Villavazgo, La Palama, CA.

15. Aase, Stuart, *The Sacramento Union* (11 de mayo de 1987), A2.

16. Ibíd.

17. Ibíd.

18. *Libro de cosas notables,* Cristo Rey Parish, octubre de 1990 (Archivo Provincial), p. 75.

19. Sandoval, "Bishop...", *Maryknoll,* p. 13.

20. Ibíd.

21. Armbruster, B., "Bishop takes to fields, streets to meet his flock," *The Advocate* (periódico de la Arquidiócesis de Newark, New Jersey, 1 de septiembre de 1982), Vol. 31, No. 35, p. 4.

22. Homilía predicada por el Cardenal Roger Mahony, Arzobispo de Los Ángeles, con ocasión de la Misa exequial por el difunto Obispo Alfonso Gallegos, OAR, DD, Obispo Auxiliar de la

Notas

Diócesis de Sacramento, viernes 11 de octubre, 1991, en la Catedral del Santísimo Sacramento, Sacramento, California, op. cit.

23. Discurso del Alfonso Gallegos, Obispo Auxiliar de la Diócesis de Sacramento, julio de 1986.

24. Matsui, Hon. Robert T., House of Representatives, "A Tribute to the Late Bishop Alphonse Gallegos", *Congressional Record,* Vol. 137, No. 145 (Washington, DC: 8 de octubre de 1991).

25. Wood, Michael, "Bishop Gallegos dies in tragic auto accident", *The Catholic Herald* (16 de octubre de 1991), p. 11.

26. Conferencia del Obispo Gallegos con ocasión del Primer Congreso Católico Carismático, Sacramento, CA, el 20-22 de septiembre de 1991. Dicha conferencia se conserva grabada.

27. Testimonio de Olimpia Núñez, op. cit.

28. Carta de María J. Navarro al Reverendo John Gruben, OAR, Prior Provincial, Provincia de San Agustín, 27 de agosto de 2002 (Archivo Provincial).

29. "Bishops Protest Train Carrying Weapons", *The New York Times* (viernes, 24 de febrero de 1984), p. 10.

30. *The Catholic Herald* (14 de diciembre de 1991), No. 34, p. 1.

31. Ibíd., p. 18

32. "Report... Problem 1", op. cit.

33. *Diocesan Pastoral Plan for Hispanic Ministry / Plan Pastoral Diocesano para el Ministerio Hispano,* Bilingual Edition (Diócesis de Sacramento, abril de 1991), p. 8.

34. Ibíd., p. 10.

35. Ibíd., p. 11.

36. Ibíd., p. 6.

37. Carta del Obispo Francis Quinn, Ordinario de la Diócesis de Sacramento, a sus feligreses, publicada en el *Pastoral Plan/Plan Pastoral,* p. 1.

Capítulo 7

1. Un informe completo sobre el accidente, desde la perspectiva del chofer, Ruiz, fue publicado un año después en español en *El*

Heraldo Católico (domingo, 4 de octubre de 1992), Año 14, No. 18, pp. 1, 7.

2. También se publica un informe detallado del accidente en la sección *Metro* de *The Sacramento Bee* (lunes, 7 de octubre de 1991).

3. Sánchez, Edgar, "From all quarters friends bid goodbye to Gallegos," *The Sacramento Bee* (viernes, 11 de octubre de 1991), p. B.

4. Sermón predicado por el Reverendo John J. Oldfield, OAR, Prior Provincial de los Agustinos Recoletos, con ocasión del velorio por Monseñor Alfonso Gallegos, OAR y publicado en *The Catholic Herald* (16 de octubre de 1991), p. 15.

5. Homilía del Cardenal Mahony, op. cit., p. 10.

6. Ibíd.

7. Obispo Francis Quinn, "A Tribute to Bishop Gallegos," *The Catholic Herald* (16 de octubre de 1991), p. 13.

8. Barton, David y Coronado, Ramón, "Cathedral Packed for Bishop's Memorial Mass," *The Sacramento Bee* (sábado, 12 de octubre de 1991).

Capítulo 8

1. Sylva, Bob, "'Bishop of the Barrio' Play an Act of Faith and Charity", *The Sacramento Bee* (sábado, 11 de febrero de 1995), p. A2.

2. Ibíd.

3. *The Catholic Herald* (16 de octubre de 1991), p. 12.

4. Sermón de Obispo Gallegos, sin fecha (Archivo Provincial).

5. Programa para la dedicación de la estatua del Obispo Alfonso Gallegos, 23 de febrero de 1997.

6. Un informe completo de la dedicación de la estatua se encuentra en *The Catholic Herald* (Diócesis de Sacramento: 8 de marzo de 1997), p. 1.

Capítulo 9

1. Prefacio, *Regla de San Agustín*.

2. Ibíd., *Regla*, 1, 2.

Notas

3. "Religious in the Twentieth Century," sin fecha (Archivo Provincial).

4. Ibíd., p. III.

5. Documentos personales del Obispo Gallegos (Diócesis de Sacramento).

6. Entrevista con Olimpia Núñez, op. cit.

7. "Religious in ...", op. cit., p. IV.

8. Ibíd.

9. Ibíd.

10. Conferencia del Obispo Gallegos, "Espiritualidad de los seminaristas hispanos" (Archivo Provincial).

11. Sermón del Obispo Gallegos con el título "Para estar cerca del reino de los cielos", sin fecha (Archivo Provincial).

12. "Chrism Talk to Priests", Jueves Santo, 24 de marzo de 1983 (Archivo Provincial), p. 1.

13. Ibíd., p. 4.

14. Ibíd.

15. Ibíd.

16. Hay dos documentos escritos por el Obispo acerca de su visita a Nicaragua, uno en inglés, "Where are the Children," y uno en español, "Una peregrinación que nunca olvidaré" (Archivo Provincial). Los dos fueron escritos en noviembre de 1986.

17. Ibíd. "Una peregrinación...", p. 3.

18. "Where Are...", p. 2.

19. Ibíd., p. 5.

20. Ibíd., p. 3.

21. Carta de Francis A. Quinn, Obispo Ordinario de la Diócesis de Sacramento, al Muy Reverendo Pio Laghi, 30 de agosto de 1985 (Archivo, Diócesis de Sacramento) (No. PD 169/85/2).

22. Ibíd.

23. Ibíd.

24. Goldvarg, Phil, "A gift of love" in memory of Bishop Gallegos, *The Catholic Herald* (16 de octubre de 1991), p. 13.